OBSERVATIONS
SUR LES COURSES
DU CHAMP-DE-MARS.

COURSE ROYALE DE FRANCE.
Champs de Mars.

OBSERVATIONS
SUR LES COURSES
DU CHAMP-DE-MARS,

ET SUR

QUELQUES NOUVELLES DISPOSITIONS

DU RÉGLEMENT DE 1822 RELATIF A CES COURSES ;

Par Armand SÉGUIN,

CORRESPONDANT DE L'ACADÉMIE ROYALE DES SCIENCES.

En tout ce qui est possible, la persévérance est l'un des leviers les plus puissans.

PARIS,

IMPRIMERIE DE LEBLANC,

ABBAYE SAINT-GERMAIN-DES-PRÉS.

Septembre 1822.

TABLE.

	Pages.
But de cet Écrit.	3
De l'âge des chevaux admissibles au concours. . . .	4
Proclamation instantanée des résultats de chacune des courses.	7
De la classification des chevaux nés en France, sous le point-de-vue des poids qu'on leur impose. . . .	12
Tarif du poids que les Chevaux de Courses devront porter.	15
Bases de détermination pour la fixation des paris. . .	21
Des vitesses exprimées en nombre de pieds par minute ; et des rapports directs ou indirects de vitesse.	25
Tableau du nombre de pieds parcourus par minute, correspondant au temps employé à faire, soit un tour, soit deux tours, soit trois tours du Champ-de-Mars ; et du nombre de minutes et de secondes qu'exigerait, d'après ces durées, le trajet d'un mille anglais.	29
Exemples de quelques-unes des Questions qu'on peut résoudre à l'aide de ce Tableau.	35
Première question. — Obtenir le rapport des vitesses de deux chevaux français, dont on connaît les durées d'un même trajet.	35
Deuxième question. — Obtenir le rapport des vitesses de deux chevaux anglais, dont on connaît les durées d'un même trajet.	36
Troisième question. — Déterminer le rapport des vitesses d'un cheval français parcourant, en un temps quelconque, un espace exprimé en mesures françaises, et d'un cheval étranger parcourant, en un temps quelconque, un espace exprimé en milles anglais.	37
Quatrième question. — Connaissant le rapport des vitesses de deux chevaux français, et le temps que l'un des deux met à parcourir un trajet quelconque, déterminer le nombre de minutes et de secondes que l'autre cheval emploiera pour franchir le même trajet. . .	38

Cinquième question. — *Connaissant le rapport des vitesses de deux chevaux anglais, et le temps que l'un des deux met à parcourir un trajet quelconque, déterminer le nombre de minutes et de secondes que l'autre cheval emploiera pour franchir le même trajet.* . . . 39

Sixième question. — *Connaissant le rapport des vitesses d'un cheval français et d'un cheval anglais, et le temps que le cheval français met à parcourir deux fois le tour du Champ-de-Mars, déterminer le nombre de minutes et de secondes que le cheval anglais emploiera pour franchir le même espace.* . . . 39

Septième question. — *Connaissant le rapport des vitesses d'un cheval anglais et d'un cheval français, et le temps que le cheval anglais met à parcourir un mille anglais, déterminer le nombre de minutes et de secondes que le cheval français emploiera pour faire deux fois le tour du Champ-de-Mars.* 40

Huitième question. — *Établir le rapport d'égalité de vitesse entre un cheval français parcourant, en un temps donné, un espace déterminé, exprimé en mesures françaises, et un autre cheval de quelque pays que ce soit.* 40

Neuvième question. — *Établir le rapport d'égalité de vitesse entre un cheval étranger parcourant, en un temps donné, un espace déterminé, exprimé en milles anglais, et un cheval français quelconque.* . . 41

Dixième question. — *Dans une course de 3,078 toises, ou de trois tours du Champ-de-Mars, connaissant le temps employé, par un même cheval, pour franchir chacun de ces tours, déterminer les rapports de sa vitesse de l'un à l'autre tour.* 41

Onzième question. — *Dans une course de quatre milles anglais, connaissant le temps employé, par un même cheval, pour franchir chacun de ces milles, déterminer les rapports de sa vitesse de l'un à l'autre mille.* 42

Autres points-de-vue d'utilité du tableau. 43

Tableau des durées d'un trajet de 500 toises, correspondantes aux durées énoncées dans le premier tableau, soit pour 1,026, soit pour 2,052, soit pour 3,078 toises. 46

Mode d'application des données de ce second tableau. 48

Résumé. 49

OBSERVATIONS SUR LES COURSES DU CHAMP-DE-MARS,

ET SUR

QUELQUES NOUVELLES DISPOSITIONS

DU RÉGLEMENT DE 1822 RELATIF A CES COURSES.

BUT DE CET ÉCRIT.

Le blâme, la critique ou l'amour-propre sont d'autant moins le mobile de la publication de cet Écrit, que si je n'étais pas convaincu des louables intentions de l'Administration, et de la sincérité de ses vœux pour l'amélioration de la race des chevaux en France, je concentrerais, dans mes méditations, les observations qu'il renferme.

On peut, à la rigueur, résister avec quelque succès aux écarts de la puissance; mais, quand on ne se berce pas d'illusions, on ne doit jamais nourrir l'espoir chimérique de convaincre des administrateurs pénétrés d'avance de la défectuosité de leurs mesures.

Au contraire, avec une administration qui agit de bonne-foi, et à laquelle on ne peut reprocher aucun aveuglement volontaire, la publicité franche, déférante et respectueuse des controverses, a souvent, en de telles matières, le grand avantage de concourir efficacement au bien, en servant de texte aux personnes plus capables de les bien traiter.

Tous, nous voulons le bien; tous, nous le voulons de bonne-foi : le temps pourrait, à la rigueur, résoudre les questions dépendantes de ce désir; mais si une majorité prononcée d'opinions expérimentales et saines peut l'abréger, on devra attacher d'autant plus d'importance à un tel résultat, que dans toutes les combinaisons qui ont pour élément la nécessité de durée de croissance d'individus, les moindres écarts théoriques de l'imagination engendrent une longue lacune, dont des efforts tardifs ne peuvent combler le vide.

De l'âge des Chevaux admissibles au concours.

Dans un précédent écrit, je disais :
« Il me semble qu'en excluant du concours les chevaux au-
» dessous de 5 ans, on risque de paralyser promptement
» tous les avantages qu'on espère et qu'on se promet; par
» suite de cette mesure, les chevaux présentés doivent, le
» plus généralement, avoir déjà changé de mains, et quel-
» quefois même se trouver finalement en celles de revendeurs
qui n'en font qu'une spéculation du moment, et jouent sur
» les courses, comme ceux qui, à la loterie, risquent une faible
» somme sur un extrait déterminé.
» L'habitude de bien courir est comme toutes les habitudes;
» elle dépend beaucoup certainement des moyens naturels qui
» y sont propres; mais elle dépend aussi essentiellement de
» la manière dont on entretient et dont on déploie ces
» moyens. Un poulain propre à la course, et recevant, dans sa
» plus tendre enfance, une éducation sage et modérée, mais
» convenable à cette application, courra, à trois ans, lors-
» qu'il s'en faut de beaucoup que ses forces soient encore
» déployées, bien plus vîte qu'il ne courra, dans la plénitude
» de sa vigueur, à six ou sept ans, si son éducation, en ce
» genre, n'a commencé qu'à cinq ou six ans.

» Tout propriétaire de haras, sage et expérimenté, doit
» déjà préjuger, avec presque certitude, dans les premiers
» huit jours de la naissance; je ne craindrais pas même de
» dire expérimentalement, avec confiance et sans exagération,
» dans les premières vingt-quatre heures; au plus tard,
» par des essais directs, à deux ans, à quel usage la nature
» semble avoir appelé sa production, et tracer dès ce moment,
» d'après les bases probables de son plus convenable emploi,
» le plan particulier d'éducation auquel il doit donner la
» préférence.

» Si c'est à la course qu'il destine son élève, il n'attendra
» probablement pas encore trois années pour obtenir un faible
» avantage; il préférera courir, dans d'autres pays, une chance
» et plus prompte et bien moins limitée.

» Si l'élève n'est propre qu'à d'autres usages, il le conser-
» vera peut-être, sans mutilation, jusqu'à 5 ans; mais,
» même dans ce cas, la présentation qui en serait faite au
» concours, soit par lui, soit par d'autres, n'atteindrait que
» très-imparfaitement le but du Gouvernement : but qui doit,
» en définitive, se résumer en ce principe ;

» *Employer tous les moyens nécessaires pour obtenir*
» *d'excellens résultats, et espérer raisonnablement que ceux*
» *qui surviendront seront au-moins bons et convenans.*

» Je crois donc qu'il serait indispensable d'admettre au
» concours les chevaux de 2 à 5 ans, sauf à équilibrer,
» par un réglement sage et paternel, la faiblesse, l'énergie,
» l'amour-propre et le courage de ces bonnes, aimables et
» intéressantes créatures.

» Je penserais même, quoique ce fût une innovation
» toute particulière, qu'on pourrait les admettre dans l'orga-
» nisation des chevaux plus âgés : leur carrière serait alors
» restreinte à un seul tour; après avoir parcouru ce trajet, ils
» s'arrêteraient; tandis qu'en les quittant, les chevaux du
» même peloton continueraient leur lutte entr'eux. Il y aurait
» sans doute un enthousiasme bien fondé, et qui probable-
» ment ne manquerait pas d'être mérité, en voyant de si

» faibles créatures sortir victorieuses d'une lutte en apparence
» si inégale ».

Postérieurement à la publication de ces observations, en juillet dernier, une circulaire, renfermant « des modifications » aux réglemens sur les courses », a été adressée à messieurs les préfets des départemens, par monsieur le directeur de l'administration générale des haras.

Entre autres dispositions, cette circulaire en renferme une relative à l'âge d'admission des chevaux au concours.

Cette disposition est ainsi conçue :

« Les chevaux de 3 et de 4 ans seront dorénavant admis à » courir avec les chevaux de 5 ans ».

D'après l'ensemble de cette modification, les conditions de luttes sont les mêmes pour les chevaux de 3 ans, et pour les chevaux de 5 ans et au-dessus, sauf le poids à porter par ces deux classes de chevaux.

Ainsi, aux prix locaux et aux prix d'arrondissement, ils doivent, les uns et les autres, parcourir, d'un seul trajet, 4,000 mille mètres, qui équivalent à 2,052 toises.

Aux prix principaux et au prix royal, ils doivent, les uns et les autres, parcourir, en trois trajets, 12,000 mètres, ou 6,156 toises.

Seulement, le poids imposé au cheval de 3 ans, comparativement au poids imposé au cheval de 5 ans, est dans le rapport de 19 à 25.

De telles conditions équivalent, réellement, à un refus absolu d'admission des chevaux de 3 et de 4 ans.

En effet, dans tous les pays où l'on apprécie les moyens des poulains, on se garde bien, le plus ordinairement, d'exiger d'eux un trajet de plus d'un mille anglais, qui équivaut à 1,609 mètres, ou 825 $\frac{1}{2}$ toises.

En France, on voudrait les soumettre, pour la moindre exigeance, à près de 2 $\frac{1}{2}$ milles anglais; et, pour le complément de l'exigeance, à près de 7 $\frac{1}{2}$ milles anglais.

Quel serait le propriétaire assez insoucieux, je dirais même assez barbare, pour sacrifier ainsi, moralement et matériellement, avec une certitude absolue de défaite, ses productions chéries ?

Il n'existera donc pas (d'avance on peut en avoir la certitude la plus absolue) de présentation de chevaux de trois ans; et, dès-lors, cette non-présentation, mal très-grave qui mine dans ses fondemens le plan projeté d'amélioration, restreindra à de simples spectacles de curiosité, ou si l'on veut, à des encouragemens plus ou moins bien appliqués, toutes les courses qui rempliront cette lacune de disposition.

Jusques à cette réformation, chaque jour trop tardive, presque toutes les productions, dont la conservation serait si désirable et si utile pour la France, seront perdues pour elle[*]; ou, si jamais elles reviennent dans leur pays natal, ce ne sera que dans le cas, dont j'ai eu plusieurs exemples, où le premier vendeur se déterminerait, par la confirmation, fondée sur des luttes fructueuses, de sa confiance dans la supériorité des qualités de son élève, à débourser, pour la réimportation, un prix souvent sept ou huit fois plus considérable que celui qu'il avait primitivement encaissé pour l'exportation.

Proclamation instantanée des résultats détaillés de chacune des Courses.

J'ai toujours considéré comme très-important pour la vivification de l'organisation des courses, non-seulement de mettre le public préalablement dans la confidence des élémens d'organisation de chaque course (ce qui heureusement se fait depuis l'année dernière); mais de plus, de le mettre, instantanément après la terminaison de chacune d'elles, dans la confidence de ses résultats détaillés.

Dans l'origine, la grande majorité des spectateurs n'avait

---

[*] L'Administration n'achète pas, pour ses haras, de poulains au-dessous de 5 ans ; ou à la rigueur, et seulement dans des cas très-exclusifs, de poulains au-dessous de 4 ans.

connaissance de ces résultats que par les journaux du lendemain; et déjà l'exaltation de l'intérêt était presque totalement refroidie. De quels objets parle-t-on à Paris, bien au-delà de vingt-quatre heures?

Les dispositions suivantes feraient disparaître ce grave inconvénient, et établiraient une prompte et sure communication entre le public et le jury.

Cette communication instantanée peut présenter, par ses conséquences, des résultats tellement avantageux, qu'on doit, avec confiance, espérer qu'elle ne sera pas ajournée, et qu'elle existera, même dès cette année.

Les épreuves des courses qui ont lieu au Champ-de-Mars, peuvent se diviser en deux classes.

Les unes sont composées de deux fois le tour du Champ-de-Mars; les autres sont composées de trois fois le même tour.

Chaque course peut être de plusieurs chevaux; mais la localité de l'hippodrome choisi à Paris ne permet guères, sans de graves inconvéniens, que j'ai déjà signalés, d'en admettre plus de quatre à-la-fois.

Il importerait donc que le public connût, instantanément, à la terminaison de chaque course:

1.° Le nom du cheval qui, à chacun des deux ou trois tours, est arrivé le premier au point de mire; et en combien de minutes et de secondes il y est arrivé;

2.° Le nom de chacun des chevaux arrivés, successivement au point de mire, à chacun des tours; et en combien de minutes et de secondes, chacun d'eux a parcouru chacun des tours.

Le jury peut facilement, au moyen d'un nombre suffisant de montres à point d'arrêt, déterminer très-exactement chacune de ces données.

Mais comment les communiquer instantanément aux spectateurs, d'une manière aussi fidèle que si chacun d'eux les avait sous les yeux imprimées?

On y parviendrait facilement de la manière suivante.

Par suite des améliorations qui ont déjà eu lieu l'année dernière, on distribuera encore cette année en grande quantité (du-moins cela est désirable), un tableau détaillé de tous les élémens de chaque course.

Une colonne de ces tableaux est consacrée aux dénominations des chevaux; une seconde, à leur origine; une troisième, à la dénomination des derniers propriétaires; une quatrième enfin, à l'indication des couleurs distinctives de chaque jockey.

On aurait, pour chaque course, autant d'oriflammes qu'il y aurait d'indications de couleurs distinctives.

Immédiatement après la terminaison d'une course, on placerait, au-dessus du point de mire, l'oriflamme du cheval finalement arrivé le premier au but.

Alors un trompette donnerait dans son instrument autant de coups de langue que le cheval a employé de minutes pour faire le premier tour.

A quelques secondes d'intervalle, un cor donnerait dans son instrument autant de coups de langue qu'il y a de dizaines dans le nombre de secondes qui, jointes au nombre de minutes, completterait la durée de son trajet au premier tour.

Enfin, à quelques secondes d'intervalle, si le cas y échoiait, un cornet d'infanterie donnerait dans son instrument autant de coups de langue qu'il y aurait, dans le nombre de secondes, d'unités au-delà des dizaines.

Voilà pour le premier tour du cheval finalement vainqueur.

Pour compléter les données qui lui seraient applicables, il faudrait de même faire connaître les élémens de son second tour.

Cette séparation serait indiquée par une très-courte fanfare du trompette.

Alors on suivrait, pour les élémens de ce second tour, une marche semblable à celle qui aurait été suivie pour le premier tour.

Dans le cas où la course serait composée de trois tours,

il y aurait de même une courte fanfare entre l'indication des élémens du second et du troisième tour; puis, pour le troisième tour, une marche analogue à celle suivie pour le second.

Tout ainsi serait terminé pour le cheval finalement vainqueur.

On suivrait une marche parfaitement semblable pour le cheval qui, au dernier tour, serait arrivé le second au point de mire; pour le troisième, pour le quatrième; et même pour un plus grand nombre, si cela était nécessaire.

Pour rendre plus sensibles ces détails, je vais présenter un exemple.

Supposons une course de deux tours, composée de deux chevaux, l'un à panache blanc, l'autre à panache noir.

Supposons qu'au premier tour, le cheval à panache noir, arrivant le premier au but, ait employé à parcourir ce trajet. 2 min. 10 sec.

Et qu'au second tour, ce même cheval, arrivant le second au but, ait mis, pour faire ce second tour. . 2 min. 16 sec.

Supposons, de même, qu'au premier tour, le cheval à panache blanc, arrivant le second au but, ait employé à parcourir ce trajet. . . . . 2 min. 11 sec.

Et qu'au second tour, ce même cheval, arrivant le premier au but, ait mis pour faire ce second tour. . 2 min. 14 sec.

Dans ces suppositions, le panache blanc sera, d'après les réglemens, proclamé vainqueur.

Ce sera donc l'oriflamme blanche qu'on fera flotter la première.

Peu après cette apparition,

Le trompette donnera deux sons successifs, ce qui représentera 2 minutes;

Le cor donnera un seul son, qui représentera 10 secondes;

Et le cornet donnera un son qui représentera la 11ᵉ seconde.

(11)

Par cette succession de sons, le public aura l'indication de cette énonciation :

Blanc. — 1.er tour. — 2 minutes 11 secondes.

Alors le trompette sonnera une fanfare de très-courte durée, pour prévenir le public que les suivantes indications seront relatives au second tour du cheval à couleur blanche.

Le trompette fera entendre deux sons successifs, pour indiquer 2 minutes ;

Le cor fera immédiatement entendre un seul son, qui indiquera 10 secondes ;

Et le cornet fera de suite entendre quatre sons, pour compléter les 14 secondes.

Ensemble qui équivaudra à cette indication :

Blanc. — 2.e tour. — 2 minutes 14 secondes.

Il faudra également indiquer les élémens relatifs à chacun des deux tours du cheval à couleur noire, qui finalement aura succombé.

Pour cela, on substituera l'oriflamme noire à l'oriflamme blanche.

Le trompette fera entendre deux sons, équivalens à 2 minutes ;

Peu après, le cor fera entendre un son, équivalent à 10 secondes ;

Le cornet se taira.

Cette indication sera l'expression de celle-ci :

Noir. — 1.er tour. — 2 minutes 10 secondes.

Alors le trompette sonnera une courte fanfare, pour prévenir le public qu'on va passer à l'indication du second tour.

Le trompette donnera deux sons, représentans 2 minutes ;

Peu après, le cor donnera un son, pour indiquer 10 secondes ;

Enfin, le cornet donnera six sons, pour compléter les 16 secondes.

Cette indication équivaudra à cette énonciation :

Noir. — 2.ᵉ tour. — 2 minutes 16 secondes.

En rassemblant ces données, on pourra établir cette comparaison :

Blanc... { 1.ᵉʳ tour. . . . . . . 2 minutes 11 secondes.
{ 2.ᵉ tour. . . . . . . 2 minutes 14 secondes.
Ensemble. . . . . 4 minutes 25 secondes.

Noir. . . . { 1.ᵉʳ tour. . . . . . . 2 minutes 10 secondes.
{ 2.ᵉ tour.. . . . . . . 2 minutes 16 secondes.
Ensemble. . . . . 4 minutes 26 secondes.

D'où il résultera une probabilité (faible à-la-vérité, dans la circonstance ; mais presque toujours assurée, dans l'ordre des parties liées que j'ai proposées), d'un plus grand fonds dans le blanc que dans le noir ; connaissance, je ne saurais trop le répéter, très-importante au genre d'amélioration que se propose le Gouvernement.

De la Classification des Chevaux nés en France, sous le point-de-vue des poids qu'on leur impose.

La circulaire de juillet dernier, renfermant les modifications apportées aux réglemens sur les courses, porte entr'autres dispositions :

« Que pour toutes les courses, le poids à porter par les » chevaux coureurs, serait fixé en raison de l'âge et de la » race ». (Suivant un tarif établi pour les chevaux dits *races du Nord*, et pour ceux dits *races du Midi*.)

J'ai cherché en vain, dans les observations soignées que, depuis longues années, j'ai eu l'occasion de faire sur les chevaux, quels avaient pu être les motifs et les bases de ces classemens.

Les chevaux dits races du Nord sont, dans le tarif de la circulaire, beaucoup plus chargés que les chevaux dits races du Midi.

Les poids à porter par les chevaux dits races du Nord, et les poids à porter par les chevaux dits races du Midi, sont, dans ce tarif, à égalité d'autres circonstances, dans le rapport de 125 à 115, ou, ce qui revient au même, de 25 à 23.

Il faudrait donc raisonnablement, d'après l'absence d'autres données, conclure de ce rapport, que les chevaux dits races du Nord ont été considérés comme de beaucoup supérieurs aux chevaux dits races du Midi.

Car tout le monde sait, qu'à égalité d'autres données, les qualités de vitesse sont dans le rapport des poids imposés.

Non-seulement cette supposition devrait exister, mais il faudrait même considérer la supériorité comme tellement absolue, qu'elle dépasserait toutes les limites de comparaison.

En effet, l'expérience a bien prouvé, qu'à égalité de vitesse et de toutes autres données accessoires, la surcharge d'une demi-livre suffisait pour assurer la défaite.

La différence de dix livres qui se trouve dans le tarif, suivant la naissance au Nord, ou la naissance au Midi, équivaut donc réellement, sous ce point-de-vue, à l'expression de l'infini.

Et cependant, quel est l'observateur impartial qui, ayant eu sous la main ou à l'essai une grande quantité de chevaux dits races du Nord, et de chevaux dits races du Midi, pourrait raisonnablement assigner une préférence de qualités aux premiers sur les seconds?

Ses observations lui auraient certainement indiqué, ce dont je ne doute nullement par suite de ma propre expérience, que souvent on rencontre des chevaux dits races du Nord supérieurs à des chevaux dits races du Midi; mais aussi, que d'autres fois on rencontre également des chevaux dits races du Midi supérieurs à des chevaux dits races du Nord.

Et, en dernière analyse, bien certainement ses résultats comparatifs se seront compensés, à quelques exceptions près.

Ce ne peut donc être, du-moins je ne le pense pas, sur les

qualités qu'on a établi cette distinction, avec des nuances si fortement prononcées.

Serait-ce sur la taille?

Dans ce cas, comme en principe général, à ne considérer que la taille, les plus petits chevaux doivent être moins chargés que les plus grands, il faudrait conclure du tarif, que, généralement, on a considéré les chevaux dits races du Midi, comme infiniment plus petits que les chevaux dits races du Nord.

Qui oserait garantir, en supposant même des observations suffisantes (supposition infiniment peu probable) la généralité d'un tel principe?

Les véritables connaisseurs, entre les mains desquels il sera passé beaucoup de chevaux de toutes espèces, déclareront que souvent ils ont vu des chevaux dits races du Nord, plus grands que les chevaux dits races du Midi; mais que souvent aussi ils ont vu des chevaux dits races du Nord, plus petits que les chevaux dits races du Midi.

Il n'y a donc rien de fixe à cet égard. La nature, malgré sa perfection, ne s'assujétit pas à des comparaisons si absolues. Elle a posé ses bases; l'ordre et la proportion dans les combinaisons établissent toutes les nuances.

Mais en supposant même que, primitivement, il ait existé, pour ce classement, des raisons mentales quelque peu déterminantes, le rapprochement des divers réglemens prouverait au-moins, par le seul fait des contradictions respectives qu'ils renferment, l'incertitude et l'arbitraire des bases de ces classemens.

En effet, dans le réglement de 1806, les chevaux du département de l'Orne doivent, à l'âge de 5 ans, porter. 125 liv.

Et les chevaux de la Corrèze doivent, à l'âge de 5 ans, porter. . . . . 115 liv.

Dans l'arrêté ministériel du 27 mars 1820, il est dit, art. 13, que les courses des Côtes-du-Nord et du Bas-Rhin, seraient soumises aux dispositions établies pour celles de la Corrèze, par le réglement de 1806.

Assimilation qui astreint les chevaux des Côtes-du-Nord et du Bas-Rhin à un poids de. . . . . 115 liv.

Enfin, dans le réglement de juillet dernier, il est dit :

« Que, pour toutes les courses, le poids à porter par les » chevaux coureurs, serait fixé en raison de l'âge et de la » race », suivant un tarif dont voici le texte.

Tarif du poids que les Chevaux de courses devront porter.

AGE des Chevaux coureurs	RACES DU NORD.				RACES DU MIDI.			
	Chev.x entiers.		Jumens.		Chev.x entiers.		Jumens.	
	liv.	hectog.	liv.	hectog.	liv.	hectog.	liv.	hectog.
3 ans.	95	465	92	450	85	416	82	401
4	110	538	107	524	100	490	97	475
5	125	612	122	597	115	563	112	548
6	132	646	129	631	122	597	119	583
7	135	661	132	646	125	612	122	597
au-dessus de 7 ans.	145	710	142	695	135	661	132	646

« Les chevaux à classer dans la catégorie des races du » Nord, sont ceux des départemens compris dans les arron- » dissemens des courses de la Seine, de l'Orne, des Côtes- » du-Nord et du Bas-Rhin ».

On voit, d'après ce tarif et les dispositions y relatives, que les chevaux dits races du Midi sont moins chargés que les chevaux dits races du Nord; et que les chevaux des Côtes-du-Nord et du Bas-Rhin sont rangés dans la classe de ceux dits races du Nord.

Il n'en était pas ainsi dans le réglement de 1820, puisque les chevaux des Côtes-du-Nord et du Bas-Rhin portaient 115 livres, poids attribué, dans le tarif de 1822, aux chevaux dits races du Midi.

Tandis que les chevaux de l'Orne, portés dans le tarif de 1822 comme chevaux dits races du Nord, sont chargés de 125 liv., poids égal à celui que leur assignait le réglement de 1806.

Ainsi, en 1820, l'Administration rangeait dans la classe des chevaux dits races du Midi, ceux des Côtes-du-Nord et du Bas-Rhin; tandis que, dans le réglement de 1822, elle range ces mêmes chevaux dans la classe de ceux dits races du Nord : oscillation qui dénote au-moins, de la part de l'Administration, bien peu de confiance dans la fixité de ses bases quelconques de classement.

En l'absence absolue des motifs de ces classemens, recherchons au-moins qu'elles en sont les conséquences.

Ici, les résultats seront d'autant plus concluans qu'ils seront réellement matériels et incontestables.

D'abord j'observe que la différence des 10 livres de charge, entre les chevaux dits races du Nord et les chevaux dits races du Midi, est tellement considérable, quels qu'en puissent être les motifs, qu'en bien peu d'années, si le nouveau réglement n'est pas modifié, au-moins en cette partie, les chevaux dits races du Nord, reconnaissant l'infériorité prononcée de leur ordre de succès, abandonneront la carrière aux propriétaires plus adroits, ou mieux servis, des chevaux dits races du Midi.

Serait-ce donc ainsi qu'on prétendrait encourager les élèves des départemens de la Manche, du Calvados, de l'Orne, de la Mayenne, de la Sarthe, d'Eure-et-Loir, de l'Eure, de la Seine, de Seine-et-Oise, du Loiret, de l'Yonne, de l'Aube, de Seine-et-Marne, de la Marne, de l'Aisne, de l'Oise, de la Somme, de la Seine-Inférieure, du Nord, du Pas-de-Calais, de Loir-et-Cher, du Finistère, du Morbihan, de l'Ille-et-Vilaine, de la Loire-Inférieure, du Bas-Rhin, du Haut-Rhin, du Doubs, du Jura, de la Côte-d'Or, de la Haute-Marne, des Vosges, de la Meurthe, de la Moselle, de la Haute-Saône, et des Ardennes?

Je ne saurais donc trop le proclamer, avec l'accent de la plus intime persuasion: si l'on tenait au maintien de cette disposition, il faudrait au-moins, pour ne pas laisser accroître le mal, supprimer la partie du budget relative aux courses du département de la Seine ; on soulagerait d'autant les contribuables, et on cesserait d'avoir le reproche à se faire d'avoir pu donner de l'appui aux combinaisons de l'égoïsme, qui, sans aucun égard pour l'intérêt et la prospérité publiques, substitue ses calculs spéculatifs aux intérêts généraux que l'Administration, cependant, aurait uniquement eu en vue d'améliorer.

En vain dirait-on que, depuis 1806, cette classification a lieu, et qu'aujourd'hui seulement on pense à en signaler l'inconvénient.

On répondrait avec raison à cette objection :

Jusques à cette année, la classification du réglement de 1806 n'avait eu que des inconvéniens relatifs, parce que chaque département, ayant une classification uniforme, offrait pour le combat, à ses élèves, des élémens identiques.

Dès-lors, ce genre de classification n'avait d'autre inconvénient que celui, déjà assez grave, d'ôter la possibilité de comparer entre elles, par le fait de l'expérience, les qualités réelles, sous le point-de-vue de la vîtesse, des chevaux dits races du Nord, et celles des chevaux dits races du Midi.

Mais les inconvéniens indirects de cette classification, deviennent directs et totalement intolérables, aujourd'hui qu'avec juste raison on a, dans le département de la Seine, supprimé la taille, comme élément du poids.

En effet, à la course royale du département de la Seine, tous les chevaux vainqueurs des prix principaux, dans les autres départemens, ceux dits races du Nord, comme ceux dits races du Midi, sont assujétis à venir débattre à Paris le prix royal.

Tous ces chevaux viendront donc lutter à Paris, non avec des chances assimilables, mais avec les faveurs ou les désavantages déduits des théories plus ou moins romanesques qui les auront régis dans leurs départemens ; et dès-lors, ces avantages ou ces désavantages, qui, dans leur état d'isolement, n'étaient que relatifs, deviendront absolus dans la réunion à Paris.

Pour le prouver plus clairement, posons des exemples.

Le réglement veut que, tant qu'un cheval n'a pas remporté un prix royal, il puisse de nouveau concourir, chaque année, aux prix royaux subséquens.

Supposons un cheval, dit races du Nord, de 6 ans, taille de 4 pieds 10 pouces, qui, l'année dernière, aurait lutté, sans succès, pour le prix royal.

D'après les bases de fixation de poids pour les courses de Paris, ce cheval aurait, l'année dernière, en raison de ses 5 années, porté. . . . . 131 liv. 9 onc.

Cette année, comme ayant 6 ans, son poids aurait été de. . . . . 138 liv. 9 onc.

D'après le nouveau règlement de 1822, il ne devra porter que. . . . . 132 liv.

Il sera donc allégé de. . . . . 6 liv. 9 onc.

Supposons également un cheval, dit races du Nord, de 8 ans, taille de 4 pieds 10 pouces, qui, l'année dernière, aurait lutté, sans succès, pour le prix royal.

D'après les bases de fixation de poids pour les courses de Paris, ce cheval aurait, l'année dernière, en raison de ses 7 années, porté. . . . . 138 liv. 9 onc.

Cette année, il n'aurait eu que cette charge.

D'après le nouveau réglement de 1822, il devra, cette année, comme ayant 8 ans, porter. 145 liv.

Ce cheval éprouvera donc cette année une surcharge de. . . . . 6 liv. 7 onc.

Voici donc deux chevaux dits races du Nord, qui, l'année dernière, ayant concouru pour le prix royal, avec parité de chances, concourront cette année entre eux pour le même prix, avec des chances d'une différence de 13 livres.

Décharge de l'un. . . . . 6 liv. 9 onc.
Surcharge de l'autre. . . . . 6 liv. 7 onc.

Surcharge comparative du second. . . . . 13 liv.

En thèse générale, supposant égalité de toutes autres données, 13 livres de surcharge suffiraient cependant pour faire battre un cheval de course par un cheval de chasse.

Maintenant, supposons que l'année dernière se soient présentés, mais sans succès, au prix royal :

1.° Un cheval de 5 ans, dit races du Midi, ayant 4 pieds 10 pouces ;

2.° Un cheval de 7 ans, dit races du Nord, ayant de même 4 pieds 10 pouces.

Le cheval de 5 ans, dit races du Midi, aurait porté, l'année dernière................	131 liv. 9 onc.
Cette année, il porterait, à raison de ses 6 ans, toujours d'après l'ancien réglement.........	138 liv. 9 onc.
Mais au-lieu d'être chargé de ce poids, il ne portera, d'après le nouveau réglement, que.	122 liv.
Différence à son avantage.........	16 liv. 9 onc.
Le cheval de 7 ans, dit races du Nord, aurait, d'après l'ancien réglement, porté, l'année dernière.	138 liv. 9 onc.
Et cette année un poids égal.	
D'après le nouveau réglement, on le chargera, cette année, de............	145 liv.
Différence à son désavantage......	6 liv. 7 onc.

La différence des réglemens produira donc cette année, entre ces deux mêmes chevaux, une différence de charges équivalente à,

Décharge de l'un............	16 liv. 9 onc.
Surcharge de l'autre...........	6 liv. 7 onc.
Surcharge comparative du second......	23 liv.

Avec peu d'exagération dans la conséquence de telles différences chanceuses, on se rappelerait nécessairement le pari de cet excellent piéton, qui prétendait, en partant de Paris en-même-temps qu'un cavalier bien monté, arriver avant lui à Orléans.

Voyons maintenant qu'elles seraient, d'après le rapprochement de l'ancien et du nouveau réglement, les chances respectives, pour cette année, de deux chevaux, entrant pour la première fois en lice.

Supposons :

1.° Un cheval de 5 ans, taille de 4 pieds 10 pouces, dit races du Midi ;

2.° Un cheval de 8 ans, taille de 4 pieds 10 pouces, dit races du Nord.

D'après le réglement ancien, Le cheval dit races du Midi porterait, cette année....................	131 liv. 9 onc.
D'après le même réglement ancien, Le cheval dit races du Nord porterait, cette année....................	138 liv. 9 onc.
Différence entre la chance de ces deux chevaux.	7 liv.
Cette année, avec le nouveau réglement, Le cheval de 5 ans, dit races du Midi, portera...................	115 liv.
Et le cheval de 8 ans, dit races du Nord, portera...................	145 liv.
Différence entre ces deux charges......	30 liv.
Elle n'aurait dû être, d'après l'ancien réglement, que de...................	7 liv.
Le nouveau réglement surcharge donc, dans cette circonstance, le cheval dit races du Nord de	23 liv.

Ainsi, en supposant toutes autres circonstances égales, et en ne considérant que la différence produite par l'influence des réglemens, les chances désavantageuses des chevaux dits races du Nord, comparées à celles des chevaux dits races du Midi, sont plus que quadruplées.

En disant quadruplées, je suis même probablement au-dessous de la réalité ; car l'influence des différences de charge semble suivre plutôt, si elle ne le dépasse, le rapport des carrés que celui des expressions simples.

Je ne craindrais donc pas de dire, présumant que je m'éloignerais moins de la vérité, que, par suite de la comparaison des réglemens, les chances désavantageuses, au détriment des chevaux dit races du Nord, se sont accrues, comparativement à celles des chevaux dit races du Midi, dans le rapport de 530 à 1.

De telles inégalités pourraient à peine se supporter entre des chevaux hollandais, luttant au trot; ou entre des chevaux de brasseurs, luttant au pas.

Mais avec des chevaux de courses, même du dernier ordre, de telles chances ne cesseraient d'être intolérables, qu'autant qu'on déposerait dans un cornet les sacrifices consacrés aux courses.

Tirez avec confiance, pourrait-on dire aux propriétaires des chevaux dits races du Midi, vous avez sans doute la main heureuse; s'il en était autrement, vous n'auriez pas au-moins le reproche à faire de n'avoir pas tout disposé pour vous bien traiter, et pour décourager et écarter vos concurrens du Nord.

Bases de détermination pour la fixation des paris.

L'intérêt que le public peut prendre à l'organisation des courses, est une des causes essentielles de l'amélioration qu'elles doivent amener dans la race des chevaux en France

Plus il y aura de défis particuliers (malheureusement nous sommes encore assez éloignés de ce résultat); ou plus, à défaut de défi, il existera de paris d'une valeur réelle, (non eu égard à la somme numérique, mais eu égard à l'importance et à la chaleur d'opinion qu'on y attachera), plus promptement on atteindra le but désiré.

C'est sous ce dernier point-de-vue que je vais présenter les bases sur lesquelles on peut fonder certains paris, lorsqu'on veut les revêtir d'un ordre de probabilité quelque peu raisonnable.

Toute partie liée est composée de deux épreuves au-moins; souvent elle en comporte trois.

Pour ne pas multiplier les exemples, et pour soulager l'attention, je ne présenterai ici que les bases relatives aux paris sur la troisième épreuve d'une partie liée.

Supposons trois chevaux, l'un à panache blanc; le second à panache noir; le troisième à panache violet.

Supposons que les deux premières épreuves signalent, ainsi qu'il suit, leurs vitesses respectives, par minute, exprimées en pieds :

	Blanc.	Noir.	Violet.
	Pieds par minute.	Pieds par minute.	Pieds par minute.
1.re épreuve.	2,400.	2,395.	2,390.
2.e épreuve.	2,390.	2,400.	2,380.
	4,790.	4,795.	4,770.
Accroî.^t de vît.^e	»	5	»
Décroî.^t de vît.^e	10	»	10

D'abord, on peut déduire de ces données :

Que de la première à la deuxième épreuve, la vitesse du blanc a diminué de 10 pieds par minute.

Que de la première à la deuxième épreuve, la vitesse du noir a, au contraire, augmenté de 5 pieds par minute.

Qu'enfin de la première à la deuxième épreuve, la vitesse du violet a diminué de 10 pieds par minute.

D'autre part, en comparant, ainsi qu'il suit, la vitesse de chacun de ces chevaux, déterminée par l'ensemble des deux épreuves;

Blanc. . . . . 4,790 pieds par minute.
Noir. . . . . 4,795 pieds par minute.
Violet. . . . . 4,770 pieds par minute.

On voit que l'ensemble de la vitesse du noir dépasse l'ensemble de la vitesse du blanc; et que de même l'ensemble de la vitesse du blanc dépasse l'ensemble de la vitesse du violet.

On conçoit, en effet, que, dans un temps donné et égal,

plus la vîtesse est grande , plus la mesure du trajet parcouru est considérable.

C'est donc avec ces premières données qu'il s'agit d'établir un ordre raisonnable de probabilité, pour la troisième épreuve.

Cet ordre doit avoir pour bases,

1.° La vîtesse comparative dans l'ensemble des deux épreuves.

2.° L'augmentation ou la diminution de vîtesse de la première épreuve à la seconde.

Observons d'abord que, par suite de l'organisation des Courses en parties liées, le violet doit être exclu de la troisième épreuve, parce que, dans aucune des deux premières, il n'a eu une plus grande vîtesse, et, parce que la première condition d'une partie liée est de gagner deux sur trois épreuves.

Le débat de la troisième épreuve ne peut dès-lors exister qu'entre le blanc et le noir.

Etablissons donc l'ordre raisonnable de probabilité, pour la troisième épreuve, entre ces deux chevaux.

La diminution de vîtesse du blanc a été de 10 pieds par minute.

En admettant (supposition la moins défavorable au blanc) que cette diminution doive suivre une égale marche à la troisième épreuve, on peut raisonnablement supposer que le blanc, à la troisième épreuve, parcourra, par minute. . . 2,380 pieds.

L'augmentation de vîtesse du noir a été de 5 pieds par minute.

On ne peut admettre qu'à la troisième épreuve la vîtesse du noir suivra de même une marche croissante ; tous les résultats d'expériences repousseraient cette conséquence ; mais on peut admettre (supposition qui lui est la moins favorable), que de la deuxième à la troisième épreuve, il éprouvera une diminution de vîtesse analogue à celle du blanc ; dès-lors, à la troisième épreuve, le noir doit parcourir, par minute. . 2,390 pieds.

Ce qui doit déjà faire présupposer qu'à la troisième lutte, le noir sortira vainqueur ; puisque, dans l'ordre des probabliités, il devra parcourir le trajet de la troisième épreuve en. . . . . 5 min. 9 sec.

Tandis que le blanc ne devra parcourir le même espace qu'en. . . . . 5 min. $10\frac{1}{2}$ sec.

D'autre part, en comparant l'ensemble des deux premières épreuves, on voit que, dans cet ensemble, le blanc a parcouru par minute. . . . . 2,395 pieds.

Et que le noir a parcouru par minute. . . . 2,397 $\frac{1}{2}$ pieds.

Ce qui indique, dans cet ensemble, une supériorité de vîtesse du noir sur le blanc.

Ce second ordre de probabilité doit donc renforcer la tendance à présupposer la victoire en faveur du noir, à la troisième épreuve.

Ainsi, en pariant pour le noir, à la troisième épreuve, on n'a pas, à-la-vérité, une certitude absolue de succès, ce qui blesserait la délicatesse ; mais on a, au-moins, un ordre de probabilité suffisamment bien fondé pour en courir les chances avec confiance et sans regret.

Ces comparaisons, au surplus, ne sont pas seulement utiles sous le point-de-vue des paris ; elles n'ont pas moins d'importance sous le point-de-vue des achats, surtout par rapport aux personnes qui, habituées à considérer le service, ou, ce qui revient au même, le fonds des chevaux, comme une des conditions essentielles de leur choix, préfèrent de beaucoup, pour leur usage journalier, le fonds à la vîtesse, même à la beauté.

En effet, en rassemblant les trois épreuves, on verrait que la réduction par minute des trois trajets, donne,

     Pour le blanc, 2,390 pieds par minute.
     Pour le noir,   2,395 pieds par minute.

Or, comme en principe général, le fonds est d'autant plus prononcé que le temps sur lequel se porte la plus grande vîtesse est plus prolongé, on peut en conclure que, dans cette circonstance, le noir a plus de vîtesse et plus de fonds, et qu'en conséquence, il réunit, comparativement au blanc, les deux genres de supériorité.

Des vitesses exprimées en nombre de pieds par minute; et des rapports directs ou indirects de vitesse.

D'une part, à la suite des courses, il peut s'engager d'autres défis entre les chevaux qui y ont concouru.

De l'autre, les acheteurs peuvent, avant d'asseoir leur choix d'achat entre ces chevaux, vouloir le fonder sur des ordres fixes de classement.

Enfin, on peut désirer connaître, au-moins approximativement, la vîtesse relative des chevaux étrangers et des chevaux français.

C'est sous ces divers points-de-vue que j'ai dressé le tableau suivant, dans lequel j'ai élagué tous les élémens compliqués.

J'y ramène chaque trajet à l'unité de minute.

Je n'accole à cette unité ni mètres ni pouces: les mètres, comme m'ôtant l'avantage de pouvoir négliger, sans inconvénient, les trop petits nombres fractionnaires; les pouces, comme exigeant un trop grand nombre de chiffres.

Par ces deux motifs, je donne la préférence à l'énonciation en pieds.

Les trois premières colonnes de ce tableau renferment les durées de trajet, soit d'un tour, soit de deux tours, soit de trois tours du Champ-de-Mars.

La quatrième colonne renferme le nombre de pieds par minute, correspondant à ces durées de trajet.

La cinquième colonne indique la durée de trajet d'un mille anglais, correspondante aux durées de trajet des trois premières colonnes.

Comme point de départ du tableau, je prends la durée de trajet du cheval le plus vîte qui ait jamais existé; cheval tellement extraordinaire, relativement à sa vîtesse, que, sous le point-de-vue de comparaison, on l'a toujours mis hors de ligne:

C'est le fameux l'*ÉCLIPSE*.

Cet exclusif phénomène parcourait un mille anglais en une minute.

Comme terme extrême de la moindre vîtesse, je prends la durée de trajet des chevaux qui ne rempliraient que bien juste les conditions de célérité voulues par le réglement de France, pour leur admission aux courses.

Ce sont les chevaux fesant 600 mètres, ou 308 toises par minute.

Le rapport de ces deux extrêmes de vîtesse est de 27 à 10.

Pour ne pas, au surplus, trop surcharger cet écrit, je me borne à énoncer dans le tableau,

Pour un tour :

L'accroissement de demi en demi-seconde, depuis le point de départ jusqu'à 2 minutes ; l'accroissement de quart de seconde en quart de seconde, depuis 2 minutes jusqu'à 2 minutes 15 secondes ; enfin, l'accroissement de demi-seconde en demi-seconde, depuis 2 minutes 15 secondes, jusqu'au dernier terme.

Pour deux tours :

L'accroissement de seconde en seconde, depuis le point de départ, jusqu'à 4 minutes ; l'accroissement de demi-seconde en demi-seconde, depuis 4 minutes jusqu'à 5 minutes 30 secondes (durées qui dépassent les extrêmes de celles des courses qui, depuis quinze ans, ont eu lieu au Champ-de-Mars) ; enfin, l'accroissement de seconde en seconde, depuis 5 minutes 30 secondes jusqu'au dernier terme.

Pour trois tours :

L'accroissement de trois demi-secondes en trois demi-secondes, depuis le point de départ jusqu'à 6 minutes ; l'accroissement de trois quarts de seconde en trois quarts de seconde, depuis 6 minutes jusqu'à 7 minutes 45 secondes ; enfin, l'accroissement de trois demi-secondes en trois demi-secondes, depuis 7 minutes 45 secondes jusqu'au dernier terme.

L'exactitude des montres à point d'arrêt dont se sert le jury, ne dépasse pas un quart de seconde.

Si donc, dans le tableau, les accroissemens des durées d'un trajet d'un tour, de deux tours et de trois tours, marchaient de quart de secondes en quart de secondes, le seul examen du tableau suffirait pour en apprécier les conséquences.

Mais cet accroissement aurait nécessité trois tableaux au-lieu d'un, et chacun de ces tableaux aurait quadruplé d'étendue; dès-lors les chiffres de cet écrit auraient occupé plus d'espace que les lettres de son texte.

J'ai cru devoir d'autant moins suivre cette marche, que dans la grande majorité des données d'application, le tableau présentera directement les résultats qui se déduiraient de ces trois tableaux.

Pour obtenir une aussi grande exactitude, relativement aux données intermédiaires que j'ai négligées dans le tableau que je présente, il suffira de suivre la marche simple que je vais indiquer.

Durée d'un trajet d'un tour.

Plus de la moitié de l'énonciation de ce trajet est exprimée par accroissement de quart de seconde en quart de seconde. Ces durées ne comportent aucun calcul pour leur application. Quant aux autres énonciations, dont la marche est de demi-seconde en demi-seconde, on en déduira facilement l'application d'accroissemens de quart de seconde en quart de seconde, en prenant le terme moyen de chaque deux termes conjoints.

Durée d'un trajet de deux tours.

Pour obtenir l'énonciation de quart de seconde en quart de seconde, on prendra le terme moyen de chaque deux termes conjoints exprimés en demi-secondes, et le quart de la différence de chaque deux termes conjoints exprimés en secondes.

Durée d'un trajet de trois tours.

En suivant cette marche des termes moyens des conjoints, on n'obtiendra, pour la durée d'un trajet de trois tours, que des énonciations de trois huitièmes de seconde. La différence se réduirait donc à un huitième de seconde, limite des erreurs possibles. Si toutefois, malgré la presque nullité d'influence de cette limite d'erreur, on voulait la faire disparaître, au-moins par le calcul, il faudrait former directement un autre tableau pour la durée d'un trajet de trois tours, tableau que j'ai rédigé pour moi, mais que je n'insère pas dans cet écrit, parce que je n'ai pas pensé que son importance compensât son étendue.

En suivant cette marche, on obtiendra facilement, soit directement, soit indirectement, toutes les données correspondantes à chaque durée de trajet, soit d'un tour, soit de deux tours, soit de trois tours.

On pourra de même, ce qui peut être utile dans certains cas, prendre, ainsi qu'il suit, les moyennes de durée.

Supposons qu'un cheval ait fait trois tours du Champ-de-Mars, en 6 minutes 30 secondes, et que cet ensemble soit distribué ainsi qu'il suit :

1.ᵉʳ tour. . . . . , ...	2 m.	3 sec.
2.ᵉ tour.	2 m.	12 sec.
3.ᵉ tour.	2 m.	15 sec.
Total.	6 m.	30 sec.
Le terme moyen sera.	2 m.	10 sec.

On pourra de même avoir, ainsi qu'il suit, le terme moyen des trois tours combinés deux à deux.

1.ᵉʳ tour.	2 m.	3 sec.
2.ᵉ tour.	2 m.	12 sec.
Total.	4 m.	15 sec.
Terme moyen.	2 m.	$7\frac{1}{2}$ sec.
1.ᵉʳ tour.	2 m.	3 sec.
3.ᵉ tour.	2 m.	15 sec.
Total.	4 m.	18 sec.
Terme moyen.	2 m.	9 sec.
2.ᵉ tour.	2 m.	12 sec.
3.ᵉ tour.	2 m.	15 sec.
Total.	4 m.	27 sec.
Terme moyen.	2 m.	$13\frac{1}{2}$ sec.

Tableau du nombre de pieds parcourus par minute, correspondant au temps employé à faire, soit un tour, soit deux tours, soit trois tours du Champ-de-Mars;

Et du nombre de minutes et de secondes qu'exigerait, d'après ces durées, le trajet d'un mille anglais.

DURÉES DE COURSES FRANÇAISES composées de tours de 1,026 toises.			Expressions des vitesses.	DURÉES de courses anglaises, en rapport avec les durées des courses françaises.
Trajet de 1 tour, ou de 1,026 toises.	Trajet de 2 tours, ou de 2,052 toises.	Trajet de 3 tours, ou de 3,078 toises.	pieds par minute.	Trajet de 1 mille anglais.
min. sec.	min. sec.	min. sec.		min. sec.
1..14.38/100	2..29.16	3..43..3/4	4,952	1.. ″ .. ″
1..15.. ″	2..30	3..45.. ″	4,925	1.. 0..1/3
1..15..1/2	2..31	3..46..1/2	4,892	1.. 0..3/4
1..16.. ″	2..32	3..48.. ″	4,860	1.. 1..1/10
1..16..1/2	2..33	3..49..1/2	4,828	1.. 1..1/2
1..17.. ″	2..34	3..51.. ″	4,797	1.. 2.. ″
1..17..1/2	2..35	3..52..1/2	4,766	1.. 2..1/3
1..18.. ″	2..36	3..54.. ″	4,735	1.. 2..3/4
1..18..1/2	2..37	3..55..1/2	4,705	1.. 3..1/10
1..19.. ″	2..38	3..57.. ″	4,675	1.. 3..1/2
1..19..1/2	2..39	3..58..1/2	4,646	1.. 4.. ″
1..20.. ″	2..40	4.. ″ .. ″	4,617	1.. 4..1/3
1..20..1/2	2..41	4.. 1..1/2	4,588	1.. 4..3/4
1..21.. ″	2..42	4.. 3.. ″	4,560	1.. 5..1/5
1..21..1/2	2..43	4.. 4..1/2	4,532	1.. 5..3/5
1..22.. ″	2..44	4.. 6.. ″	4,504	1.. 6.. ″
1..22..1/2	2..45	4.. 7..1/2	4,477	1.. 6..2/5
1..23.. ″	2..46	4.. 9.. ″	4,450	1.. 6..3/4
1..23..1/2	2..47	4..10..1/2	4,423	1.. 7..1/5
1..24.. ″	2..48	4..12.. ″	4,397	1.. 7..3/5
1..24..1/2	2..49	4..13..1/2	4,371	1.. 8.. ″
1..25.. ″	2..50	4..15.. ″	4,345	1.. 8..2/5
1..25..1/2	2..51	4..16..1/2	4,320	1.. 8..4/5
1..26.. ″	2..52	4..18.. ″	4,295	1.. 9..1/5
1..26..1/2	2..53	4..19..1/2	4,270	1.. 9..3/5
1..27.. ″	2..54	4..21.. ″	4,245	1..10.. ″
1..27..1/2	2..55	4..22..1/2	4,221	1..10..2/5
1..28.. ″	2..56	4..24.. ″	4,197	1..10..4/5
1..28..1/2	2..57	4..25..1/2	4,174	1..11..1/5
1..29.. ″	2..58	4..27.. ″	4,150	1..11..3/5
1..29..1/2	2..59	4..28..1/2	4,127	1..12.. ″
1..30.. ″	3.. ″	4..30.. ″	4,104	1..12..1/2
1..30..1/2	3.. 1	4..31..1/2	4,081	1..12..4/5
1..31.. ″	3.. 2	4..33.. ″	4,059	1..13..1/5
1..31..1/2	3.. 3	4..34..1/2	4,037	1..13..3/5
1..32.. ″	3.. 4	4..36.. ″	4,015	1..14.. ″
1..32..1/2	3.. 5	4..37..1/2	3,993	1..14..2/5
1..33.. ″	3.. 6	4..39.. ″	3,972	1..14..4/5
1..33..1/2	3.. 7	4..40..1/2	3,950	1..15..1/5
1..34.. ″	3.. 8	4..42.. ″	3,929	1..15..3/5
1..34..1/2	3.. 9	4..43..1/2	3,908	1..16.. ″
1..35.. ″	3..10	4..45.. ″	3,888	1..16..2/5

DURÉES DE COURSES FRANÇAISES composées de tours de 1,026 toises.			Expressions des vitesses.	DURÉES de courses anglaises, en rapport avec les durées des courses françaises.
Trajet de 1 tour, ou de 1,026 toises.	Trajet de 2 tours, ou de 2,052 toises.	Trajet de 3 tours, ou de 3,078 toises.	pieds par minute.	Trajet de 1 mille anglais.
min. sec.	min. sec.	min. sec.		min. sec.
1..35..1/2	3..11.. ″	4..46..1/2	3,868	1..16..4/5
1..36.. ″	3..12.. ″	4..48.. ″	3,847	1..17..1/4
1..36..1/2	3..13.. ″	4..49..1/2	3,828	1..17..2/3
1..37.. ″	3..14.. ″	4..51.. ″	3,808	1..18.. ″
1..37..1/2	3..15.. ″	4..52..1/2	3,788	1..18..1/2
1..38.. ″	3..16.. ″	4..54.. ″	3,769	1..18..4/5
1..38..1/2	3..17.. ″	4..55.. ″	3,750	1..19..1/4
1..39.. ″	3..18.. ″	4..57.. ″	3,731	1..19..2/3
1..39..1/2	3..19.. ″	4..58..1/2	3,712	1..20.. ″
1..40.. ″	3..20.. ″	5.. ″.. ″	3,694	1..20..1/2
1..40..1/2	3..21.. ″	5.. 1..1/2	3,675	1..20..4/5
1..41.. ″	3..22.. ″	5.. 3.. ″	3,657	1..21..1/4
1..41..1/2	3..23.. ″	5.. 4..1/2	3,639	1..21..2/3
1..42.. ″	3..24.. ″	5.. 6.. ″	3,621	1..22.. ″
1..42..1/2	3..25.. ″	5.. 7..1/2	3,604	1..22..1/2
1..43.. ″	3..26.. ″	5.. 9.. ″	3,586	1..22..4/5
1..43..1/2	3..27.. ″	5..10..1/2	3,569	1..23..1/4
1..44.. ″	3..28.. ″	5..12.. ″	3,552	1..23..2/3
1..44..1/2	3..29.. ″	5..13..1/2	3,535	1..24.. ″
1..45.. ″	3..30.. ″	5..15.. ″	3,518	1..24..1/2
1..45..1/2	3..31.. ″	5..16..1/2	3,501	1..24..9/10
1..46.. ″	3..32.. ″	5..18.. ″	3,484	1..25..3/10
1..46..1/2	3..33.. ″	5..19..1/2	3,468	1..25..2/3
1..47.. ″	3..34.. ″	5..21.. ″	3,452	1..26.. ″
1..47..1/2	3..35.. ″	5..22..1/2	3,436	1..26..2/3
1..48.. ″	3..36.. ″	5..24.. ″	3,420	1..26..9/10
1..48..1/2	3..37.. ″	5..25..1/2	3,404	1..27..3/10
1..49.. ″	3..38.. ″	5..27.. ″	3,388	1..27..7/10
1..49..1/2	3..39.. ″	5..28..1/2	3,373	1..28.. ″
1..50.. ″	3..40.. ″	5..30.. ″	3,358	1..28..1/2
1..50..1/2	3..41.. ″	5..31..1/2	3,343	1..28..9/10
1..51.. ″	3..42.. ″	5..33.. ″	3,327	1..29..3/10
1..51..1/2	3..43.. ″	5..34..1/2	3,313	1..29..7/10
1..52.. ″	3..44.. ″	5..36.. ″	3,298	1..30..1/10
1..52..1/2	3..45.. ″	5..37..1/2	3,283	1..30..1/2
1..53.. ″	3..46.. ″	5..39.. ″	3,269	1..30..9/10
1..53..1/2	3..47.. ″	5..40..1/2	3,255	1..31..3/10
1..54.. ″	3..48.. ″	5..42.. ″	3,240	1..31..7/10
1..54..1/2	3..49.. ″	5..43..1/2	3,226	1..32..1/10
1..55.. ″	3..50.. ″	5..45.. ″	3,212	1..32..1/2
1..55..1/2	3..51.. ″	5..46..1/2	3,198	1..32..9/10
1..56.. ″	3..52.. ″	5..48.. ″	3,184	1..33..1/3
1..56..1/2	3..53.. ″	5..49..1/2	3,170	1..33..7/10
1..57.. ″	3..54.. ″	5..51.. ″	3,157	1..34..1/10
1..57..1/2	3..55.. ″	5..52..1/2	3,144	1..34..1/2
1..58.. ″	3..56.. ″	5..54.. ″	3,130	1..34..9/10
1..58..1/2	3..57.. ″	5..55..1/2	3,117	1..35..1/3
1..59.. ″	3..58.. ″	5..57.. ″	3,104	1..35..3/4
1..59..1/2	3..59.. ″	5..58..1/2	3,091	1..36..1/10
2.. ″.. ″	4.. ″.. ″	6.. ″.. ″	3,078	1..36..1/2
2.. 0..1/4	4.. 0..1/2	6.. ″..3/4	3,072	1..36..3/4
2.. ″..1/2	4.. 1.. ″	6.. 1..1/2	3,065	1..36..9/10
2.. ″..3/4	4.. 1..1/2	6.. 2..1/4	3,059	1..37..1/5
2.. 1.. ″	4.. 2.. ″	6.. 3.. ″	3,053	1..37..1/3
2.. 1..1/4	4.. 2..1/2	6.. 3..3/4	3,046	1..37..1/2
2.. 1..1/2	4.. 3.. ″	6.. 4..1/2	3,040	1..37..3/4
2.. 1..3/4	4.. 3..1/2	6.. 5..1/4	3,034	1..38.. ″
2.. 2.. ″	4.. 4.. ″	6.. 6.. ″	3,028	1..38..1/5
2.. 2..1/4	4.. 4..1/2	6.. 6..3/4	3,022	1..38..1/3
2.. 2..1/2	4.. 5.. ″	6.. 7..1/2	3,015	1..38..1/2

(31)

DURÉES DE COURSES FRANÇAISES composées de tours de 1,026 toises.			Expressions des vitesses.	DURÉES de courses anglaises, en rapport avec les durées des courses françaises.
Trajet de 1 tour, ou de 1,026 toises.	Trajet de 2 tours, ou de 2,052 toises.	Trajet de 3 tours, ou de 3,078 toises.	pieds par minute.	Trajet de 1 mille anglais.
min. sec.	min. sec.	min. sec.		min. sec.
2.. 2..3/4	4.. 5..1/2	6.. 8..1/4	3,009	1..38..3/4
2.. 3.. "	4.. 6.. "	6.. 9.. "	3,003	1..39.. "
2.. 3..1/4	4.. 6..1/2	6.. 9..3/4	2,997	1..39..1/5
2.. 3..1/2	4.. 7.. "	6..10..1/2	2,991	1..39..1/3
2.. 3..3/4	4.. 7..1/2	6..11..1/4	2,985	1..39..3/5
2.. 4.. "	4.. 8.. "	6..12.. "	2,979	1..39..3/4
2.. 4..1/4	4.. 8..1/2	6..12..3/4	2,973	1..40.. "
2.. 4..1/2	4.. 9.. "	6..13..1/2	2,967	1..40..1/5
2.. 4..3/4	4.. 9..1/2	6..14..1/4	2,961	1..40..1/3
2.. 5.. "	4..10.. "	6..15.. "	2,955	1..40..2/5
2.. 5..1/4	4..10..1/2	6..15..3/4	2,949	1..40..3/4
2.. 5..1/2	4..11.. "	6..16..1/2	2,943	1..41.. "
2.. 5..3/4	4..11..1/2	6..17..1/4	2,937	1..41..1/5
2.. 6.. "	4..12.. "	6..18.. "	2,932	1..41..1/3
2.. 6..1/4	4..12..1/2	6..18..3/4	2,926	1..41..3/5
2.. 6..1/2	4..13.. "	6..19..1/2	2,920	1..41..3/4
2.. 6..3/4	4..13..1/2	6..20..1/4	2,914	1..42.. "
2.. 7.. "	4..14.. "	6..21.. "	2,908	1..42..1/5
2.. 7..1/4	4..14..1/2	6..21..3/4	2,903	1..42..2/5
2.. 7..1/2	4..15.. "	6..22..1/2	2,897	1..42..3/5
2.. 7..3/4	4..15..1/2	6..23..1/4	2,891	1..42..3/4
2.. 8.. "	4..16.. "	6..24.. "	2,886	1..43.. "
2.. 8..1/4	4..16..1/2	6..24..3/4	2,880	1..43..1/5
2.. 8..1/2	4..17.. "	6..25..1/2	2,874	1..43..2/5
2.. 8..3/4	4..17..1/2	6..26..1/4	2,869	1..43..3/5
2.. 9.. "	4..18.. "	6..27.. "	2,864	1..43..3/4
2.. 9..1/4	4..18..1/2	6..27..3/4	2,858	1..44.. "
2.. 9..1/2	4..19.. "	6..28..1/2	2,852	1..44..1/5
2.. 9..3/4	4..19..1/2	6..29..1/4	2,847	1..44..2/5
2..10.. "	4..20.. "	6..30.. "	2,842	1..44..3/5
2..10..1/4	4..20..1/2	6..30..3/4	2,836	1..44..4/5
2..10..1/2	4..21.. "	6..31..1/2	2,830	1..45.. "
2..10..3/4	4..21..1/2	6..32..1/4	2,825	1..45..1/5
2..11.. "	4..22.. "	6..33.. "	2,820	1..45..2/5
2..11..1/4	4..22..1/2	6..33..3/4	2,814	1..45..3/5
2..11..1/2	4..23.. "	6..34..1/2	2,809	1..45..4/5
2..11..3/4	4..23..1/2	6..35..1/4	2,804	1..46.. "
2..12.. "	4..24.. "	6..36.. "	2,798	1..46..1/5
2..12..1/4	4..24..1/2	6..36..3/4	2,793	1..46..2/5
2..12..1/2	4..25.. "	6..37..1/2	2,788	1..46..3/5
2..12..3/4	4..25..1/2	6..38..1/4	2,782	1..46..4/5
2..13.. "	4..26.. "	6..39.. "	2,777	1..47.. "
2..13..1/4	4..26..1/2	6..39..3/4	2,772	1..47..1/5
2..13..1/2	4..27.. "	6..40..1/2	2,767	1..47..2/5
2..13..3/4	4..27..1/2	6..41..1/4	2,762	1..47..3/5
2..14.. "	4..28.. "	6..42.. "	2,756	1..47..4/5
2..14..1/4	4..28..1/2	6..42..3/4	2,751	1..48.. "
2..14..1/2	4..29.. "	6..43..1/2	2,746	1..48..1/5
2..14..3/4	4..29..1/2	6..44..1/4	2,741	1..48..2/5
2..15.. "	4..30.. "	6..45.. "	2,736	1..48..3/5
2..15..1/4	4..30..1/2	6..45..3/4	2,731	1..48..4/5
2..15..1/2	4..31.. "	6..46..1/2	2,726	1..49.. "
2..15..3/4	4..31..1/2	6..47..1/4	2,721	1..49..1/5
2..16.. "	4..32.. "	6..48.. "	2,716	1..49..2/5
2..16..1/4	4..32..1/2	6..48..3/4	2,711	1..49..3/5
2..16..1/2	4..33.. "	6..49..1/2	2,706	1..49..4/5
2..16..3/4	4..33..1/2	6..50..1/4	2,701	1..50.. "
2..17.. "	4..34.. "	6..51.. "	2,696	1..50..1/5
2..17..1/4	4..34..1/2	6..51..3/4	2,691	1..50..2/5
2..17..1/2	4..35.. "	6..52..1/2	2,686	1..50..3/5

(32)

DURÉES DE COURSES FRANÇAISES composées de tours de 1,026 toises.			Expressions des vitesses.	DURÉES de courses anglaises, en rapport avec les durées des courses françaises.
Trajet de 1 tour, ou de 1,026 toises.	Trajet de 2 tours, ou de 2,052 toises.	Trajet de 3 tours, ou de 3,078 toises.	pieds par minute.	Trajet de 1 mille anglais.
min. sec.	min. sec.	min. sec.		min. sec.
2..17..3/4	4..35..1/2	6..53..1/4	2,681	1..50..4/5
2..18.. ″	4..36.. ″	6..54.. ″	2,677	1..51.. ″
2..18..1/4	4..36..1/2	6..54..3/4	2,672	1..51..1/5
2..18..1/2	4..37.. ″	6..55..1/2	2,667	1..51..2/5
2..18..3/4	4..37..1/2	6..56..1/4	2,662	1..51..3/5
2..19.. ″	4..38.. ″	6..57.. ″	2,657	1..51..4/5
2..19..1/4	4..38..1/2	6..57..3/4	2,653	1..52.. ″
2..19..1/2	4..39.. ″	6..58..1/2	2,648	1..52..1/4
2..19..3/4	4..39..1/2	6..59..1/4	2,643	1..52..2/5
2..20.. ″	4..40.. ″	7.. ″.. ″	2,638	1..52..2/3
2..20..1/4	4..40..1/2	7.. 0..3/4	2,634	1..52..4/5
2..20..1/2	4..41.. ″	7.. 1..1/2	2,629	1..53.. ″
2..20..3/4	4..41..1/2	7.. 2..1/4	2,624	1..53..1/4
2..21.. ″	4..42.. ″	7.. 3.. ″	2,620	1..53..2/5
2..21..1/4	4..42..1/2	7.. 3..3/4	2,615	1..53..2/3
2..21..1/2	4..43.. ″	7.. 4..1/2	2,610	1..53..4/5
2..21..3/4	4..43..1/2	7.. 5..1/4	2,606	1..54.. ″
2..22.. ″	4..44.. ″	7.. 6.. ″	2,601	1..54..1/4
2..22..1/4	4..44..1/2	7.. 6..3/4	2,597	1..54..2/5
2..22..1/2	4..45.. ″	7.. 7..1/2	2,592	1..54..2/3
2..22..3/4	4..45..1/2	7.. 8..1/4	2,588	1..54..4/5
2..23.. ″	4..46.. ″	7.. 9.. ″	2,583	1..55.. ″
2..23..1/4	4..46..1/2	7.. 9..3/4	2,578	1..55..1/4
2..23..1/2	4..47.. ″	7..10..1/2	2,574	1..55..2/5
2..53..3/4	4..47..1/2	7..11..1/4	2,569	1..55..2/3
2..24.. ″	4..48.. ″	7..12.. ″	2,565	1..55..4/5
2..24..1/4	4..48..1/2	7..12..3/4	2,561	1..56.. ″
2..24..1/2	4..49.. ″	7..13..1/2	2,556	1..56..1/4
2..24..3/4	4..49..1/2	7..14..1/4	2,552	1..56..1/2
2..25.. ″	4..50.. ″	7..15.. ″	2,547	1..56..2/3
2..25..1/4	4..50..1/2	7..15..3/4	2,543	1..56..4/5
2..25..1/2	4..51.. ″	7..16..1/2	2,539	1..57.. ″
2..25..3/4	4..51..1/2	7..17..1/4	2,534	1..57..1/4
2..26.. ″	4..52.. ″	7..18.. ″	2,530	1..57..1/2
2..26..1/4	4..52..1/2	7..18..3/4	2,526	1..57..2/3
2..26..1/2	4..53.. ″	7..19..1/2	2,521	1..57..4/5
2..26..3/4	4..53..1/2	7..20..1/4	2,517	1..58.. ″
2..27.. ″	4..54.. ″	7..21.. ″	2,513	1..58..1/4
2..27..1/4	4..54..1/2	7..21..3/4	2,508	1..58..1/2
2..27..1/2	4..55.. ″	7..22..1/2	2,505	1..58..2/3
2..27..3/4	4..55..1/2	7..23..1/4	2,500	1..58..4/5
2..28.. ″	4..56.. ″	7..24.. ″	2,496	1..59.. ″
2..28..1/4	4..56..1/2	7..24..3/4	2,492	1..59..1/4
2..28..1/2	4..57.. ″	7..25..1/2	2,488	1..59..1/2
2..28..3/4	4..57..1/2	7..26..1/4	2,483	1..59..2/3
2..29.. ″	4..58.. ″	7..27.. ″	2,479	1..59..9/10
2..29..1/4	4..58..1/2	7..27..3/4	2,475	2.. ″.. ″
2..29..1/2	4..59.. ″	7..28..1/2	2,471	2.. 0..1/4
2..29..3/4	4..59..1/2	7..29..1/4	2,467	2.. 0..1/2
2..30.. ″	5.. ″.. ″	7..30.. ″	2,463	2.. 0..2/3
2..30..1/4	5.. 0..1/2	7..30..3/4	2,458	2.. 0..9/10
2..30..1/2	5.. 1.. ″	7..31..1/2	2,454	2.. 1.. ″
2..30..3/4	5.. 1..1/2	7..32..1/4	2,450	2.. 1..3/10
2..31.. ″	5.. 2.. ″	7..33.. ″	2,446	2.. 1..1/2
2..31..1/4	5.. 2..1/2	7..33..3/4	2,442	2.. 1..2/3
2..31..1/2	5.. 3.. ″	7..34..1/2	2,438	2.. 1..9/10
2..31..3/4	5.. 3..1/2	7..35..1/4	2,434	2.. 2.. ″
2..32.. ″	5.. 4.. ″	7..36.. ″	2,430	2.. 2..3/10
2..32..1/4	5.. 4..1/2	7..36..3/4	2,426	2.. 2..1/2
2..32..1/2	5.. 5.. ″	7..37..1/2	2,422	2.. 2..7/10

(33)

DURÉES DE COURSES FRANÇAISES composées de tours de 1,026 toises.			Expressions des vitesses.	DURÉES de courses anglaises, en rapport avec les durées des courses françaises.
Trajet de 1 tour, ou de 1,026 toises.	Trajet de 2 tours, ou de 2,052 toises.	Trajet de 3 tours, ou de 3,078 toises.	pieds par minute.	Trajet de 1 mille anglais.
min. sec.	min. sec.	min. sec.		min. sec.
2..32..3/4	5.. 5..1/2	7..38..1/4	2,418	2.. 2..9/10
2..33.. "	5.. 6.. "	7..39.. "	2,414	2.. 3.. "
2..33..1/4	5.. 6..1/2	7..39..3/4	2,410	2.. 3..3/10
2..33..1/2	5.. 7.. "	7..40..1/2	2,407	2.. 3..1/2
2..33..3/4	5.. 7..1/2	7..41..1/4	2,402	2.. 3..7/10
2..34.. "	5.. 8.. "	7..42.. "	2,399	2.. 3..9/10
2..34..1/4	5.. 8..1/2	7..42..3/4	2,395	2.. 4.. "
2..34..1/2	5.. 9.. "	7..43..1/2	2,391	2.. 4..3/10
2..34..3/4	5.. 9..1/2	7..44..1/4	2,387	2.. 4..1/2
2..35.. "	5..10.. "	7..45.. "	2,383	2.. 4..7/10
2..35..1/4	5..10..1/2	7..45..3/4	2,380	2.. 4..9/10
2..35..1/2	5..11.. "	7..46..1/2	2,376	2.. 5..1/10
2..35..3/4	5..11..1/2	7..47..1/4	2,372	2.. 5..3/10
2..36.. "	5..12.. "	7..48.. "	2,368	2.. 5..1/2
2..36..1/4	5..12..1/2	7..48..3/4	2,364	2.. 5..7/10
2..36..1/2	5..13.. "	7..49..1/2	2,360	2.. 5..9/10
2..36..3/4	5..13..1/2	7..50..1/4	2,357	2.. 6..1/10
2..37.. "	5..14.. "	7..51.. "	2,353	2.. 6..3/10
2..37..1/4	5..14..1/2	7..51..3/4	2,349	2.. 6..1/2
2..37..1/2	5..15.. "	7..52..1/2	2,345	2.. 6..7/10
2..37..3/4	5..15..1/2	7..53..1/4	2,342	2.. 6..9/10
2..38.. "	5..16.. "	7..54.. "	2,338	2.. 7..1/10
2..38..1/4	5..16..1/2	7..54..3/4	2,334	2.. 7..3/10
2..38..1/2	5..17.. "	7..55..1/2	2,331	2.. 7..1/2
2..38..3/4	5..17..1/2	7..56..1/4	2,327	2.. 7..7/10
2..39.. "	5..18.. "	7..57.. "	2,323	2.. 7..9/10
2..39..1/4	5..18..1/2	7..57..3/4	2,319	2.. 8..1/10
2..39..1/2	5..19.. "	7..58..1/2	2,316	2.. 8..3/10
2..39..3/4	5..19..1/2	7..59..1/4	2,312	2.. 8..1/2
2..40.. "	5..20.. "	8.. 0.. "	2,308	2.. 8..7/10
2..40..1/4	5..20..1/2	8.. 0..3/4	2,305	2.. 8..9/10
2..40..1/2	5..21.. "	8.. 1..1/2	2,301	2.. 9..1/10
2..40..3/4	5..21..1/2	8.. 2..1/4	2,298	2.. 9..1/3
2..41.. "	5..22.. "	8.. 3.. "	2,295	2.. 9..1/2
2..41..1/4	5..22..1/2	8.. 3..3/4	2,291	2.. 9..7/10
2..41..1/2	5..23.. "	8.. 4..1/2	2,287	2.. 9..9/10
2..41..3/4	5..23..1/2	8.. 5..1/4	2,284	2..10..1/10
2..42.. "	5..24.. "	8.. 6.. "	2,280	2..10..1/3
2..42..1/4	5..24..1/2	8.. 6..3/4	2,277	2..10..1/2
2..42..1/2	5..25.. "	8.. 7..1/2	2,273	2..10..3/4
2..42..3/4	5..25..1/2	8.. 8..1/4	2,270	2..10.. "
2..43.. "	5..26.. "	8.. 9.. "	2,266	2..11..1/10
2..43..1/4	5..26..1/2	8.. 9..3/4	2,263	2..11..1/3
2..43..1/2	5..27.. "	8..10..1/2	2,259	2..11..1/2
2..43..3/4	5..27..1/2	8..11..1/4	2,256	2..11..3/4
2..44.. "	5..28.. "	8..12.. "	2,252	2..11..9/10
2..44..1/4	5..28..1/2	8..12..3/4	2,249	2..12..1/10
2..44..1/2	5..29.. "	8..13..1/2	2,245	2..12..1/3
2..44..3/4	5..29..1/2	8..14..1/4	2,242	2..12..1/2
2..45.. "	5..30.. "	8..15.. "	2,239	2..12..3/4
2..45..1/2	5..31.. "	8..16..1/2	2,232	2..13..1/10
2..46.. "	5..32.. "	8..18.. "	2,225	2..13..1/2
2..46..1/2	5..33.. "	8..19..1/2	2,219	2..14.. "
2..47.. "	5..34.. "	8..21.. "	2,212	2..14..1/3
2..47..1/2	5..35.. "	8..22..1/2	2,205	2..14..3/4
2..48.. "	5..36.. "	8..24.. "	2,199	2..15..1/10
2..48..1/2	5..37.. "	8..25..1/2	2,192	2..15..2/5
2..49.. "	5..38.. "	8..27.. "	2,186	2..16.. "
2..49..1/2	5..39.. "	8..28..1/2	2,179	2..16..1/3
2..50.. "	5..40.. "	8..30.. "	2,173	2..16..3/4

5

(34)

DURÉES DE COURSES FRANÇAISES composées de tours de 1,026 toises.			Expressions des vitesses.	DURÉES de courses anglaises, en rapport avec les durées des courses françaises.
Trajet de 1 tour, ou de 1,026 toises.	Trajet de 2 tours, ou de 2,052 toises.	Trajet de 3 tours, ou de 3,078 toises.	pieds par minute.	Trajet de 1 mille anglais.
min. sec.	min. sec.	min. sec.		min. sec.
2..50..1/2	5..41.. //	8..31..1/2	2,167	2..17..1/5
2..51.. //	5..42.. //	8..33.. //	2,160	2..17..3/5
2..51..1/2	5..43.. //	8..34..1/2	2,154	2..18.. //
2..52.. //	5..44.. //	8..36.. //	2,148	2..18..2/5
2..52..1/2	5..45.. //	8..37..1/2	2,141	2..18..3/4
2..53.. //	5..46.. //	8..39.. //	2,135	2..19..1/5
2..53..1/2	5..47.. //	8..40..1/2	2,129	2..19..3/5
2..54.. //	5..48.. //	8..42.. //	2,123	2..20.. //
2..54..1/2	5..49.. //	8..43..1/2	2,117	2..20..2/5
2..55.. //	5..50.. //	8..45.. //	2,111	2..20..4/5
2..55..1/2	5..51.. //	8..46..1/2	2,105	2..21..1/5
2..56.. //	5..52.. //	8..48.. //	2,099	2..21..3/5
2..56..1/2	5..53.. //	8..49..1/2	2,093	2..22.. //
2..57.. //	5..54.. //	8..51.. //	2,087	2..22..2/5
2..57..1/2	5..55.. //	8..52..1/2	2,081	2..22..4/5
2..58.. //	5..56.. //	8..54.. //	2,075	2..23..1/5
2..58..1/2	5..57.. //	8..55..1/2	2,069	2..23..3/5
2..59.. //	5..58.. //	8..57.. //	2,063	2..24.. //
2..59..1/2	5..59.. //	8..58..1/2	2,058	2..24..2/5
3.. // .. //	6.. // .. //	9.. // .. //	2,052	2..24..4/5
3.. 0..1/2	6.. 1.. //	9.. 1..1/2	2,046	2..25..1/4
3.. 1.. //	6.. 2.. //	9.. 3.. //	2,041	2..25..3/5
3.. 1..1/2	6.. 3.. //	9.. 4..1/2	2,035	2..26.. //
3.. 2.. //	6.. 4.. //	9.. 6.. //	2,030	2..26..2/5
3.. 2..1/2	6.. 5.. //	9.. 7..1/2	2,024	2..26..4/5
3.. 3.. //	6.. 6.. //	9.. 9.. //	2,018	2..27..1/5
3.. 3..1/2	6.. 7.. //	9..10..1/2	2,013	2..27..3/5
3.. 4.. //	6.. 8.. //	9..12.. //	2,007	2..28.. //
3.. 4..1/2	6.. 9.. //	9..13..1/2	2,002	2..28..2/5
3.. 5.. //	6..10.. //	9..15.. //	1,997	2..28..4/5
3.. 5..1/2	6..11.. //	9..16..1/2	1,991	2..29..1/4
3.. 6.. //	6..12.. //	9..18.. //	1,986	2..29..3/5
3.. 6..1/2	6..13.. //	9..19..1/2	1,981	2..30.. //
3.. 7.. //	6..14.. //	9..21.. //	1,975	2..30..2/5
3.. 7..1/2	6..15.. //	9..22..1/2	1,970	2..30..4/5
3.. 8.. //	6..16.. //	9..24.. //	1,965	2..31..1/4
3.. 8..1/2	6..17.. //	9..25..1/2	1,959	2..31..2/3
3.. 9.. //	6..18.. //	9..27.. //	1,954	2..32.. //
3.. 9..1/2	6..19.. //	9..28..1/2	1,949	2..32..1/2
3..10.. //	6..20.. //	9..30.. //	1,944	2..32..4/5
3..10..1/2	6..21.. //	9..31..1/2	1,939	2..33..1/4
3..11.. //	6..22.. //	9..33.. //	1,934	2..33..2/3
3..11..1/2	6..23.. //	9..34..1/2	1,929	2..34.. //
3..12.. //	6..24.. //	9..36.. //	1,924	2..34..1/2
3..12..1/2	6..25.. //	9..37..1/2	1,919	2..34..4/5
3..13.. //	6..26.. //	9..39.. //	1,914	2..35..1/4
3..13..1/2	6..27.. //	9..40..1/2	1,909	2..35..2/3
3..14.. //	6..28.. //	9..42.. //	1,904	2..36.. //
3..14..1/2	6..29.. //	9..43..1/2	1,899	2..36..1/2
3..15.. //	6..30.. //	9..45.. //	1,894	2..36..9/10
3..15..1/2	6..31.. //	9..46..1/2	1,889	2..37..1/4
3..16.. //	6..32.. //	9..48.. //	1,885	2..37..2/3
3..16..1/2	6..33.. //	9..49..1/2	1,880	2..38.. //
3..17.. //	6..34.. //	9..51.. //	1,875	2..38..1/2
3..17..1/2	6..35.. //	9..52..1/2	1,870	2..38..9/10
3..18.. //	6..36.. //	9..54.. //	1,865	2..39..3/10
3..18..1/2	6..37.. //	9..55..1/2	1,861	2..39..7/10
3..19.. //	6..38.. //	9..57.. //	1,856	2..40..1/10
3..19..1/2	6..39.. //	9..58..1/2	1,851	2..40..1/2
3..20.. //	6..40.. //	10.. // .. //	1,847	2..40..9/10

Exemples de quelques-unes des Questions qu'on peut résoudre à l'aide de ce Tableau.

Parmi les diverses questions qu'on peut résoudre à l'aide de ce tableau, j'en choisirai un petit nombre, dont je présenterai brièvement les solutions.

PREMIÈRE QUESTION.

Obtenir le rapport des vitesses de deux chevaux français, dont on connaît les durées d'un même trajet.

Supposons un cheval nommé le *Coquet*, fesant deux tours du Champ-de-Mars en. . . . . 4 min. 13 sec.

Et un cheval nommé le *Diamant*, fesant deux tours du Champ-de-Mars en. . . . . 4 min. 24 sec.

D'après le tableau, le *Coquet* parcourrait par minute. . . . . 2,920 pieds.

Et le *Diamant* parcourrait par minute. . 2,798 pieds.

On peut dire que la vitesse du *Coquet* est à la vitesse du *Diamant*, comme

$$2{,}920 \text{ est à } 2{,}798.$$

Ou, en réduisant à la plus simple expression (avec infiniment peu d'altération dans les rapports primitifs), à très-peu-près, comme

$$97 \text{ est à } 93.$$

Mais pour que de tels rapports conservent l'exactitude qui les caractérise, il ne faut pas, comme cela est arrivé l'année dernière, que l'étendue de l'hippodrome soit altérée.

L'année dernière, la *Lilly* a parcouru, au prix principal, les 2,052 toises, formant les deux tours du Champ-de-Mars, en 4 minutes 58 secondes et demie.

A la course royale, les mares d'eau, occasionnées par les pluies abondantes de la veille, avaient forcé de rétrécir le circuit.

Au moyen de ce rétrécissement, l'espace à parcourir demeurait inconnu.

La *Lilly* a parcouru cet espace, quel qu'il fût, en 4 minutes 21 secondes.

En admettant, ce qui est raisonnable, parité de vitesse aux deux courses, on peut conclure que, par le rétrécissement, les deux tours du Champ-de-Mars, diminués de 262 toises, se sont trouvés réduits à 1,790 toises.

On se tromperait donc beaucoup, si, pour établir la vitesse comparative de la *Lilly*, on prenait dans le tableau les nombres correspondans à 4 minutes 20 secondes.

La vitesse comparative de la *Lilly* ne peut être représentée que par les nombres correspondans à 4 minutes 58 secondes et demie, c'est-à-dire par un trajet de 2,475 pieds par minute.

DEUXIÈME QUESTION.

Obtenir le rapport des vitesses de deux chevaux anglais, dont on connaît les durées d'un même trajet.

Supposons une jument anglaise, nommée la *Carina*, fesant un mille anglais en. . . . . 1 min. $24\frac{1}{2}$ sec.

Et une jument anglaise, nommée l'*Iéna*, fesant un mille anglais en. . . . . 1 min. $16\frac{1}{2}$ sec.

D'après le tableau, la *Carina* parcourrait par minute. . . . . 3,518 pieds.

L'*Iéna* parcourrait par minute. . . . . . 3,888 pieds.

On peut dire que la vitesse d'*Iéna* est à la vitesse de *Carina*, comme

3,888 est à 3,518.

Ou, en réduisant à la plus simple expression (avec de faibles altérations dans les rapports primitifs), comme

81 est à 73.

TROISIÈME QUESTION.

Déterminer le rapport des vîtesses d'un cheval français parcourant, en un temps quelconque, un espace exprimé en mesures françaises, et d'un cheval étranger parcourant, en un temps quelconque, un espace exprimé en milles anglais.

Supposons un cheval français, fesant deux tours du Champ-de-Mars en. . . . . 4 min. 10 sec.
Supposons également un cheval anglais, fesant un mille anglais en. . . . . 1 min. 36½ sec.
Le nombre exprimant, dans le tableau, la vîtesse du cheval français, sera. . . . . . . 2,955 pieds.
Le nombre exprimant, dans le tableau, la vîtesse du cheval anglais, sera.. . . . . . . 3,078 pieds.
On pourra donc dire que la vîtesse du cheval anglais est à celle du cheval français, comme

3,078 est à 2,955.

Ou, en réduisant à la plus simple expression (avec infiniment peu d'altération dans les rapports primitifs), à très-peu-près, comme

51 est à 49.

Supposons, de même, qu'un cheval français ait fait trois fois le tour du Champ-de-Mars en. . . . . 6 min. 9 sec.
Et qu'un cheval anglais ait fait quatre milles anglais en. 6 min. 25 sec.
Le tableau indique qu'un cheval qui fait trois tours du Champ-de-Mars en 6 min. 9 sec., fait par minute. 3,003 pieds.
Le tableau indique également, qu'un cheval qui fait quatre milles anglais en 6 min. 25 sec.; ou, ce qui revient au même, un mille anglais en 1 min. 35 ¾ sec., fait par minute. . . . . 3,104 pieds.

D'où il résulte :

1.° Que le cheval anglais a plus de vîtesse que le cheval français ;

2.° Que la vîtesse du premier est à celle du second, comme

3,104 est à 3,003.

Ou, en réduisant à la plus simple expression (avec de légères altérations dans les rapports primitifs), comme

26 est à 25.

QUATRIÈME QUESTION.

Connaissant le rapport des vîtesses de deux chevaux français, et le temps que l'un des deux met à parcourir un trajet quelconque, déterminer le nombre de minutes et de secondes que l'autre cheval emploiera pour franchir le même trajet.

Supposons qu'on sache que les vîtesses de deux chevaux français sont dans le rapport de

2,920 à 2,798.

Supposons de plus que l'un de ces deux chevaux, celui dont l'expression de vîtesse est représentée par le nombre 2,920,

Fait deux tours du Champ-de-Mars en. . . . 4 m. 13 sec.

On reconnaîtra facilement, par l'examen du tableau, que le second cheval, dont l'expression de vîtesse est représentée par le nombre 2,798, mettra. . . . . 4 m. 24 sec.

pour franchir les deux tours du Champ-de-Mars.

CINQUIÈME QUESTION.

Connaissant le rapport des vitesses de deux chevaux anglais, et le temps que l'un des deux met à parcourir un trajet quelconque, déterminer le nombre de minutes et de secondes que l'autre cheval emploiera pour franchir le même trajet.

Supposons qu'on sache que les vitesses de deux chevaux anglais nommés, l'un le *Muguet*, l'autre le *Jack*, sont dans le rapport de :

Le Muguet.		Le Jack.
3,657	à	3,212.

Supposons de plus que le *Muguet* fait un mille anglais en . . . . 1 m. 21 $\frac{1}{4}$ sec.

On reconnaîtra, par l'examen du tableau, que le *Jack* doit faire un mille anglais en . . . . . 1 m. 32 $\frac{1}{2}$ sec.

SIXIÈME QUESTION.

Connaissant le rapport des vitesses d'un cheval français et d'un cheval anglais, et le temps que le cheval français met à parcourir deux fois le tour du Champ-de-Mars, déterminer le nombre de minutes et de secondes que le cheval anglais emploiera pour franchir le même espace.

Supposons un cheval français nommé *Alexandre*, et un cheval anglais nommé *Junken*, dont les vitesses soient exprimées par le rapport suivant :

Alexandre.		Junken.
3,078	à	3,888.

Supposons de plus que l'*Alexandre* fait deux tours du Champ-de-Mars en . . . . 4 m. » sec.

On reconnaîtra, par l'examen du tableau, que le *Junken* doit faire un mille anglais en 1 m. 16 ½ sec., ou deux tours du Champ-de-Mars en.............. 3 m. 10 sec.

SEPTIÈME QUESTION.

Connaissant le rapport des vitesses d'un cheval anglais et d'un cheval français, et le temps que le cheval anglais met à parcourir un mille anglais, déterminer le nombre de minutes et de secondes que le cheval français emploiera pour faire deux fois le tour du Champ-de-Mars.

Supposons un cheval anglais nommé le *Montpensier*, et une jument française nommée la *Palatine*, dont les vîtesses soient exprimées par le rapport suivant :

Montpensier. Palatine.
3,015 à 3,436.

Supposons de plus que le *Montpensier* fait un mille anglais en 1 m. 38 ½ sec., ou, ce qui revient au même, deux tours du Champ-de-Mars, en.......... 4 m. 5 sec.

On reconnaîtra, par l'examen du tableau, que la *Palatine* fera ces mêmes deux tours en. 3 m. 35 sec.

HUITIÈME QUESTION.

Établir le rapport d'égalité de vîtesse entre un cheval français parcourant, en un temps donné, un espace déterminé, exprimé en mesures françaises, et un autre cheval de quelque pays que ce soit.

Supposons un cheval français, fesant deux fois le tour du Champ-de-Mars en.............. 4 min. 21 sec.

La seule inspection du tableau suffira pour indiquer que pour qu'un cheval étranger ait une vîtesse égale à celle du cheval français, il faut qu'il parcourre un mille anglais en. . . . . 1 min. 45 sec.

NEUVIEME QUESTION.

Établir le rapport d'égalité de vîtesse entre un cheval étranger parcourant, en un temps donné, un espace déterminé, exprimé en milles anglais, et un cheval français quelconque.

Supposons un cheval anglais, fesant un mille anglais en. . . . . 1 min 16 sec.
La seule inspection du tableau suffira pour indiquer que, pour qu'un cheval français ait une vîtesse égale à celle du cheval anglais, il faut qu'il fasse deux tours du Champ-de-Mars en. . . . . 3 min. 9 sec.

DIXIÈME QUESTION.

Dans une course de 3,078 toises, ou de trois tours du Champ-de-Mars, connaissant le temps employé, par un même cheval, pour franchir chacun de ces tours, déterminer les rapports de sa vîtesse de l'un à l'autre tour.

Supposons un cheval, ayant fait trois tours du Champ-de-Mars en 7 min. 3 sec., distribuées ainsi qu'il suit :

1.er tour.	2 min. 10 sec.
2.e tour.	2 min. 24 sec.
3.e tour.	2 min. 29 sec.
Total.	7 min. 3 sec.

Dans le tableau,

L'expression de vîtesse correspondante à 2 minutes 10 secondes est. . . . . . , ... 2,842 pieds par minute.
 Celle de 2 min. 24 sec. est. . . 2,565 pieds par minute.
 Celle de 2 min. 29 sec. est. . . 2,479 pieds par minute.

On peut donc dire :

En comparant les vîtesses du cheval, à chaque deux tours, pris dans tous les ordres, qu'elles étaient :

  Du 1.er au 2.e tour, comme. . 2,842 est à 2,565
  Ou, à très-peu-près, comme. . 31 est à 28
  Du 1.er au 3.e tour, comme. . 2,842 est à 2,479
  Ou, à très-peu-près, comme. . 90 est à 78
  Du 2.e au 3.e tour, comme. . 2,565 est à 2,479
  Ou, à très-peu-près, comme. . 34 est à 33

ONZIÈME QUESTION.

Dans une course de quatre milles anglais, connaissant le temps employé, par un même cheval, pour franchir chacun de ces milles, déterminer les rapports de sa vîtesse de l'un à l'autre mille.

Supposons un cheval, ayant parcouru quatre milles anglais en 5 minutes 33 secondes,

Distribuées ainsi qu'il suit :

  1.er mille. . . . . 1 min. 21 $\frac{1}{4}$ sec.
  2.e mille. . . . . 1 min. 22 sec.
  3.e mille. . . . . 1 min. 23 $\frac{1}{4}$ sec.
  4.e mille. . . . . 1 min. 26 $\frac{1}{2}$ sec.
     Total. . . . . . . 5 min. 33 sec.

Dans le tableau,

L'expression de vîtesse correspondante à 1 minutes 21 $\frac{1}{4}$ secondes, pour un mille anglais, est. . 3,657 pieds par min.
Celle de 1 min. 22 sec. est. . . . . 3,621 pieds par min.
Celle de 1 min. 23 sec. $\frac{1}{4}$ est. . . . 3,569 pieds par min.
Enfin, celle de 1 min. 26 $\frac{1}{2}$ sec. est. 3,436 pieds par min.

On peut donc dire :

En comparant les vîtesses du cheval, à chaque deux milles, pris dans tous les ordres, qu'elles étaient,

Du 1.er au 2.e mille, comme. . 3,657 est à 3,621
Ou, à très-peu-près, comme. . 203 est à 201
Du 1.er au 3.e mille, comme. . 3,657 est à 3,569
Ou, à très-peu-près, comme. . 203 est à 198
Du 1.er au 4.e mille, comme. . 3,657 est à 3,436
Ou, à très-peu-près, comme. . 203 est à 191
Du 2.e au 3.e mille, comme. . 3,621 est à 3,569
Ou, à très-peu-près, comme. . 201 est à 198
Du 2.e au 4.e mille, comme. . 3,621 est à 3,436
Ou, à très-peu-près, comme. . 201 est à 191
Du 3.e au 4.e mille, comme. . 3,569 est à 3,436
Ou, à très-peu-près, comme. . 198 est à 191

Autres points-de-vue d'utilité du tableau.

La vîtesse de chaque cheval, étranger ou français, étant représentée par le nombre de pieds qu'il parcourt en une minute, on pourrait, dans toute indication d'un cheval de course, joindre à sa dénomination l'expression de sa vîtesse ; ainsi l'on pourrait dire :

L'Éclipse. . . . . . n.° 4,952.
Virginie. . . . . . . n.° 3,078.
La Séduisante. . . . n.° 2,375.

Cette seule énonciation suffirait pour indiquer la supériorité de vîtesse de *l'Éclipse* sur les deux autres, et la supériorité de vîtesse de *Virginie* sur *la Séduisante*.

En établissant ensuite les rapports de ces vîtesses, réduits à leur plus simple expression, on verrait qu'à très-peu-près,
La vîtesse de *l'Éclipse* est à celle de *Virginie*, comme
8 est à 5.

La vîtesse de *l'Eclipse* est à celle de *la Séduisante*, comme
83 est à 40.

La vîtesse de *Virginie* est à celle de *la Séduisante*, comme
81 est à 62.

Je dis à très-peu-près, parce que, pour simplifier les nombres des rapports donnés comme exemple, j'ai, dans les réductions, quelque peu altéré les rapports primitifs.

Si de telles données étaient généralisées, on pourrait, par suite, établir des paris, qui présenteraient un spectacle d'autant plus curieux et attachant, que la lutte ne se balancerait que par des fractions de longueur de cheval.

Supposons qu'on ait en France un cheval, dont l'expression de vîtesse soit. 3,558
et qu'il s'y rencontre, en-même-temps, un cheval anglais qui ait, de même, pour expression de vîtesse. . 3,558

On pourra, bien loyalement, engager entre ces deux chevaux un pari, soit pour un, soit pour deux, soit pour trois tours du Champ-de-Mars.

Si les expressions des vîtesses de ces deux chevaux ont été déduites de trajets égaux en longueur, il est assez probable, sauf l'influence des circonstances accessoires du moment, assez imprévoyables, que les deux chevaux arriveront en-même-temps au but, à quelques têtes de cheval près.

Mais si les expressions des vîtesses ont été déduites de trajets inégaux en longueur, le cheval dont l'expression de vîtesse aura été déduite du plus long trajet, aura nécessairement quelqu'avantage sur l'autre, et devra sortir victorieux de la lutte, parce que le mode de son expression de vîtesse aura été déduit d'un fonds plus prononcé.

Ce sera là le véritable avantage de ce genre de défi, qui, au surplus, blessera d'autant moins les lois de la délicatesse, que, sous ce rapport, il offrira au-moins quelque chance d'incertitude.

Dans tous les cas, cette lutte présentera d'autant plus d'intérêt, qu'elle servira finalement à classer les deux combattans, sous les deux points-de-vue dont l'ensemble doit constituer le mérite réel d'un cheval, vîtesse et fonds.

Le vainqueur aura autant de vîtesse que son adversaire, mais il aura plus de fonds, donc il lui sera supérieur.

On pourrait même déduire de cette lutte le rapport de cette supériorité : il suffirait pour cela de ramener les durées du trajet à leurs expressions de vîtesse, et de comparer entre elles ces expressions.

Toutefois, il faut observer, parce que c'est la vérité, que les durées de trajet des chevaux qui, depuis quinze ans, sont entrés dans la formation des courses de Paris, ne peuvent servir à l'énonciation exacte de leur expression de vîtesse, parce que le circuit de l'hippodrôme de Paris a toujours été, de l'aveu même des chefs de l'organisation des courses, beaucoup au-dessous de 1,026 toises : il avait au plus 900 toises.

Cette année, au moyen des ordres très-précis donnés à ce sujet, ce circuit aura exactement 1,026 toises, et dès-lors toutes les données du tableau y seront applicables.

Pour généraliser encore cette utilité d'application, il convient d'y en ajouter une qui se rapporte aux essais que chaque propriétaire de chevaux peut facilement faire, dans quelqu'endroit qu'il se trouve.

C'est dans ce but que j'ai établi, dans un second tableau, les durées d'un trajet de 500 toises, correspondantes aux durées énoncées dans le premier tableau, soit pour 1,026, soit pour 2,052, soit pour 3,078 toises.

(46)

Tableau des durées d'un trajet de 500 toises, correspondantes aux durées énoncées dans le premier tableau, soit pour 1,026, soit pour 2,052, soit pour 3,078 toises.

DURÉES DES TRAJETS.		DURÉES DES TRAJETS.		DURÉES DES TRAJETS.	
1,026 toises.	500 toises.	1,026 toises.	500 toises.	1,026 toises.	500 toises.
min. sec.	min. sec.	min. sec.	min. sec.	min. sec.	min. sec.
1—14,38	″—36—1/4	1—41—1/2	″—49—1/2	2—4—1/4	1—0—1/2
1—15—″	″—36—1/2	1—42—″	″—49—7/10	2—4—1/2	1—0—2/3
1—15—1/2	″—36—3/4	1—42—1/2	″—50—″	2—4—3/4	1—0—4/5
1—16—″	″—37—″	1—43—″	″—50—1/5	2—5—″	1—0—9/10
1—16—1/2	″—37—1/4	1—43—1/2	″—50—2/5	2—5—1/4	1—1—″
1—17—″	″—37—1/2	1—44—″	″—50—2/3	2—5—1/2	1—1—1/5
1—17—1/2	″—37—3/4	1—44—1/2	″—50—9/10	2—5—3/4	1—1—3/5
1—18—″	″—38—″	1—45—″	″—51—1/5	2—6—″	1—1—2/5
1—18—1/2	″—38—1/4	1—45—1/2	″—51—2/5	2—6—1/4	1—1—1/2
1—19—″	″—38—1/2	1—46—″	″—51—2/3	2—6—1/2	1—1—2/3
1—19—1/2	″—38—3/4	1—46—1/2	″—51—9/10	2—6—3/4	1—1—3/4
1—20—″	″—39—″	1—47—″	″—52—1/10	2—7—″	1—1—9/10
1—20—1/2	″—39—1/4	1—47—1/2	″—52—2/5	2—7—1/4	1—2—″
1—21—″	″—39—1/2	1—48—″	″—52—2/3	2—7—1/2	1—2—1/10
1—21—1/2	″—39—3/4	1—48—1/2	″—52—9/10	2—7—3/4	1—2—1/4
1—22—″	″—40—″	1—49—″	″—53—1/10	2—8—″	1—2—2/5
1—22—1/2	″—40—1/5	1—49—1/2	″—53—2/5	2—8—1/4	1—2—1/2
1—23—″	″—40—1/2	1—50—″	″—53—3/5	2—8—1/2	1—2—2/3
1—23—1/2	″—40—7/10	1—50—1/2	″—53—4/5	2—8—3/4	1—2—3/4
1—24—″	″—41—″	1—51—″	″—54—1/10	2—9—″	1—2—9/10
1—24—1/2	″—41—1/5	1—51—1/2	″—54—1/3	2—9—1/4	1—3—″
1—25—″	″—41—2/5	1—52—″	″—54—3/5	2—9—1/2	1—3—1/10
1—25—1/2	″—41—2/3	1—52—1/2	″—54—4/5	2—9—3/4	1—3—1/4
1—26—″	″—41—9/10	1—53—″	″—55—″	2—10—″	1—3—1/3
1—26—1/2	″—42—1/5	1—53—1/2	″—55—3/10	2—10—1/4	1—3—1/2
1—27—″	″—42—2/5	1—54—″	″—55—3/5	2—10—1/2	1—3—3/5
1—27—1/2	″—42—2/3	1—54—1/2	″—55—4/5	2—10—3/4	1—3—3/4
1—28—″	″—42—9/10	1—55—″	″—56—″	2—11—″	1—3—4/5
1—28—1/2	″—43—1/10	1—55—1/2	″—56—3/10	2—11—1/4	1—4—″
1—29—″	″—43—2/5	1—56—″	″—56—1/2	2—11—1/2	1—4—1/10
1—29—1/2	″—43—3/5	1—56—1/2	″—56—3/4	2—11—3/4	1—4—1/5
1—30—″	″—43—4/5	1—57—″	″—57—″	2—12—″	1—4—1/3
1—30—1/2	″—44—1/10	1—57—1/2	″—57—1/4	2—12—1/4	1—4—1/2
1—31—″	″—44—1/3	1—58—″	″—57—1/2	2—12—1/2	1—4—3/5
1—31—1/2	″—44—3/5	1—58—1/2	″—57—3/4	2—12—3/4	1—4—7/10
1—32—″	″—44—4/5	1—59—″	″—58—″	2—13—″	1—4—4/5
1—32—1/2	″—45—″	1—59—1/2	″—58—1/4	2—13—1/4	1—4—9/10
1—33—″	″—45—1/3	2—″—″	″—58—1/2	2—13—1/2	1—5—″
1—33—1/2	″—45—3/5	2—0—1/4	″—58—3/5	2—13—3/4	1—5—1/5
1—34—″	″—45—4/5	2—0—1/2	″—58—3/4	2—14—″	1—5—3/10
1—34—1/2	″—46—″	2—0—3/4	″—58—4/5	2—14—1/4	1—5—2/5
1—35—″	″—46—3/10	2—1—″	″—59—″	2—14—1/2	1—5—1/2
1—35—1/2	″—46—1/2	2—1—1/4	″—59—1/10	2—14—3/4	1—5—2/3
1—36—″	″—46—3/4	2—1—1/2	″—59—1/5	2—15—″	1—5—4/5
1—36—1/2	″—47—″	2—1—3/4	″—59—1/3	2—15—1/4	1—5—9/10
1—37—″	″—47—1/4	2—2—″	″—59—1/2	2—15—1/2	1—6—″
1—37—1/2	″—47—1/2	2—2—1/4	″—59—3/5	2—15—3/4	1—6—1/5
1—38—″	″—47—3/4	2—2—1/2	″—59—7/10	2—16—″	1—6—3/10
1—38—1/2	″—48—″	2—2—3/4	″—59—3/4	2—16—1/4	1—6—2/5
1—39—″	″—48—1/4	2—3—″	″—59—4/5	2—16—1/2	1—6—1/2
1—39—1/2	″—48—1/2	2—3—1/4	1—0—″	2—16—3/4	1—6—2/3
1—40—″	″—48—3/4	2—3—1/2	1—0—1/5	2—17—″	1—6—3/4
1—40—1/2	″—49—″	2—3—3/4	1—0—3/10	2—17—1/4	1—6—9/10
1—41—″	″—49—1/5	2—4—″	1—0—2/5	2—17—1/2	1—7—″

DURÉES DES TRAJETS.		DURÉES DES TRAJETS.		DURÉES DES TRAJETS.	
1,026 toises.	500 toises.	1,026 toises.	500 toises.	1,026 toises.	500 toises.
min. sec.	min. sec.	min. sec.	min. sec.	min. sec.	min. sec.
2—17—3/4	1— 7—1/10	2—32—3/4	1—14—2/5	2—50—1/2	1—23—1/10
2—18— "	1— 7—1/4	2—33— "	1—14—3/5	2—51— "	1—23—1/3
2—18—1/4	1— 7—2/5	2—33—1/4	1—14—2/3	2—51—1/2	1—23—3/5
2—18—1/2	1— 7—1/2	2—33—1/2	1—14—4/5	2—52— "	1—23—4/5
2—18—3/4	1— 7—3/5	2—33—3/4	1—14—9/10	2—52—1/2	1—24—1/10
2—19— "	1— 7—3/4	2—34— "	1—15— "	2—53— "	1—24—3/10
2—19—1/4	1— 7—4/5	2—34—1/4	1—15—1/5	2—53—1/2	1—24—1/2
2—19—1/2	1— 8— "	2—34—1/2	1—15—3/10	2—54— "	1—24—4/5
2—19—3/4	1— 8—1/10	2—34—3/4	1—15—2/5	2—54—1/2	1—25— "
2—20— "	1— 8—1/4	2—35— "	1—15—1/2	2—55— "	1—25—3/10
2—20—1/4	1— 8—1/3	2—35—1/4	1—15—2/3	2—55—1/2	1—25—1/2
2—20—1/2	1— 8—1/2	2—35—1/2	1—15—4/5	2—56— "	1—25—3/4
2—20—3/4	1— 8—3/5	2—35—3/4	1—15—9/10	2—56—1/2	1—26— "
2—21— "	1— 8—7/10	2—36— "	1—16— "	2—57— "	1—26—1/4
2—21—1/4	1— 8—4/5	2—36—1/4	1—16—1/5	2—57—1/2	1—26—1/2
2—21—1/2	1— 9— "	2—36—1/2	1—16—1/4	2—58— "	1—26—3/4
2—21—3/4	1— 9—1/10	2—36—3/4	1—16—2/5	2—58—1/2	1—27— "
2—22— "	1— 9—1/5	2—37— "	1—16—1/2	2—59— "	1—27—1/4
2—22—1/4	1— 9—1/3	2—37—1/4	1—16—3/5	2—59—1/2	1—27—1/2
2—22—1/2	1— 9—2/5	2—37—1/2	1—16—3/4	3— " — "	1—27—3/4
2—22—3/4	1— 9—3/5	2—37—3/4	1—16—9/10	3— 0—1/2	1—28— "
2—23— "	1— 9—7/10	2—38— "	1—17— "	3— 1— "	1—28—1/5
2—23—1/4	1— 9—4/5	2—38—1/4	1—17—1/10	3— 1—1/2	1—28—1/2
2—23—1/2	1— 9—9/10	2—38—1/2	1—17—1/4	3— 2— "	1—28—7/10
2—23—3/4	1—10— "	2—38—3/4	1—17—1/3	3— 2—1/2	1—28—9/10
2—24— "	1—10—1/5	2—39— "	1—17—1/2	3— 3— "	1—29—1/5
2—24—1/4	1—10—3/10	2—39—1/4	1—17—3/5	3— 3—1/2	1—29—2/5
2—24—1/2	1—10—2/5	2—39—1/2	1—17—7/10	3— 4— "	1—29—2/3
2—24—3/4	1—10—1/2	2—39—3/4	1—17—4/5	3— 4—1/2	1—29—9/10
2—25— "	1—10—2/3	2—40— "	1—18— "	3— 5— "	1—30—1/10
2—25—1/4	1—10—4/5	2—40—1/4	1—18—1/10	3— 5—1/2	1—30—2/5
2—25—1/2	1—10—9/10	2—40—1/2	1—18—1/5	3— 6— "	1—30—3/5
2—25—3/4	1—11— "	2—40—3/4	1—18—1/3	3— 6—1/2	1—30—9/10
2—26— "	1—11—1/5	2—41— "	1—18—1/2	3— 7— "	1—31—1/10
2—26—1/4	1—11—1/4	2—41—1/4	1—18—3/5	3— 7—1/2	1—31—2/5
2—26—1/2	1—11—2/5	2—41—1/2	1—18—7/10	3— 8— "	1—31—3/5
2—26—3/4	1—11—1/2	2—41—3/4	1—18—4/5	3— 8—1/2	1—31—9/10
2—27— "	1—11—2/3	2—42— "	1—19— "	3— 9— "	1—32—1/10
2—27—1/4	1—11—3/4	2—42—1/4	1—19—1/10	3— 9—1/2	1—32—1/3
2—27—1/2	1—11—9/10	2—42—1/2	1—19—1/5	3—10— "	1—32—3/5
2—27—3/4	1—12— "	2—42—3/4	1—19—3/10	3—10—1/2	1—32—4/5
2—28— "	1—12—1/10	2—43— "	1—19—2/5	3—11— "	1—33—1/10
2—28—1/4	1—12—1/4	2—43—1/4	1—19—3/5	3—11—1/2	1—33—1/3
2—28—1/2	1—12—2/5	2—43—1/2	1—19—7/10	3—12— "	1—33—3/5
2—28—3/4	1—12—1/2	2—43—3/4	1—19—4/5	3—12—1/2	1—33—4/5
2—29— "	1—12—3/5	2—44— "	1—19—9/10	3—13— "	1—34— "
2—29—1/4	1—12—3/4	2—44— "	1—20— "	3—13—1/2	1—34—3/10
2—29—1/2	1—12—4/5	2—44—1/2	1—20—1/5	3—14— "	1—34—1/2
2—29—3/4	1—13— "	2—44—3/4	1—20—3/10	3—14—1/2	1—34—4/5
2—30— "	1—13—1/10	2—45— "	1—20—1/2	3—15— "	1—35— "
2—30—1/4	1—13—1/5	2—45—1/2	1—20—3/5	3—15—1/2	1—35—3/10
2—30—1/2	1—13—1/3	2—46— "	1—20—9/10	3—16— "	1—35—1/2
2—30—3/4	1—13—1/2	2—46—1/2	1—21—1/10	3—16—1/2	1—35—3/4
2—31— "	1—13—3/5	2—47— "	1—21—2/5	3—17— "	1—36— "
2—31—1/4	1—13—7/10	2—47—1/2	1—21—3/5	3—17—1/2	1—36—1/4
2—31—1/2	1—13—4/5	2—48— "	1—21—4/5	3—18— "	1—36—1/2
2—31—3/4	1—14— "	2—48—1/2	1—22—1/10	3—18—1/2	1—36—3/4
2—32— "	1—14—1/10	2—49— "	1—22—2/5	3—19— "	1—37— "
2—32—1/4	1—14—1/5	2—49—1/2	1—22—3/5	3—19—1/2	1—37—1/5
2—32—1/2	1—14—3/10	2—50— "	1—22—4/5	3—20— "	1—37—1/2

Mode d'application des données de ce 2.ᵉ Tableau.

Chaque propriétaire mesurera exactement, sur un terrain convenable quelconque, 500 toises.

En fesant franchir ce trajet par son cheval, il s'assurera combien il y emploie de minutes et de secondes.

Ce nombre de minutes et de secondes correspondra, dans le second tableau, au nombre de minutes et de secondes, extrait du premier, pour le trajet d'un tour de 1,026 toises.

Cherchant ce second nombre dans le 1.ᵉʳ tableau, il aura, dans la 4.ᵉ colonne, l'expression de la vîtesse de son cheval.

Ceux qui apporteront à ces essais tous les soins qu'on peut désirer, pourront même, ainsi que je le fais pour mes poulains, mettre de cent en cent toises des points de mire, afin de pouvoir, avec des montres à point d'arrêt, établir leurs rapports de vîtesse pour chaque cent toises.

Si ces rapports marchent dans un ordre régulier, la confiance à accorder au poulain aura déjà un grand ordre de probabilité.

Si, au contraire, ces rapports marchent par oscillation, on devra craindre d'avoir à courir dans les défis, des chances accessoires, d'un ordre bien peu dépendant de celui des probabilités.

Si enfin l'on obtient l'isochronisme, ce qui est bien rare, surtout dans des courses un peu accélérées, on pourra présumer avoir atteint la perfection; car le cheval jouissant de l'isochronisme serait encore préférable, du-moins telle est mon opinion, à ceux qui, aux luttes, pourraient le battre d'un petit nombre de longueurs de cheval.

Lorsque de tels essais seront suffisamment multipliés, chacun pourra, directement et sûrement, assigner à son cheval le numéro de vîtesse qui lui appartient.

On pourrait même exiger de tout vendeur, le numéro de vîtesse du cheval vendu.

Et si jamais, comme en Angleterre, nous fesions des livres de courses, on pourrait les améliorer, en y insérant, près du nom et de la pédigrée de chaque cheval, son numéro de vîtesse.

RÉSUMÉ.

Il serait désirable, sous tous les rapports, qu'il se présentât de fréquentes occasions de résoudre des questions analogues à celles renfermées dans cet écrit.

Les courses anglaises sont très-multipliées ; leurs résultats sont publiés avec soin, et presque généralement recueillis avec un vif intérêt.

A l'aide des deux tableaux, on pourra, sinon de fait, au-moins approximativement, comparer, sous le point-de-vue de vitesse, les qualités respectives des chevaux anglais et des chevaux français ; et les améliorations probables que produira, dans ces rapports, la persévérance de nos efforts.

Il faudra bien nous contenter de ces approximations, jusqu'au moment que je provoque de tous mes vœux, parce que je le considère comme très-prospère, quoiqu'en apparence faiblement dispendieux, où les chevaux étrangers seront, sans distinction, admis au concours des courses en France.

Alors seulement l'on verra naître une émulation d'autant plus honorable et profitable, qu'elle sera plus désintéressée ; et disparaître cette avidité pécuniaire qui anéantit toute assurance d'exécution des projets d'amélioration, en donnant, trop souvent, le spectacle décourageant de triomphes départementaux, très-amplement payés, échouant à Paris, au poteau d'exclusion, nommé poteau de distance.

Parmi le très-grand nombre de combinaisons intéressées, pour ne pas dire plus, qu'écarterait cette admission (combinaisons dont les inconvéniens dépassent de beaucoup ceux de l'admission), je me bornerai à citer la suivante :

Si la crainte de la concurrence des chevaux étrangers avait des fondemens aussi solides, que, par suite d'un sentiment d'intérêt particulier, quelques concurrens aux courses françaises le répètent jusqu'à satiété aux autorités (crainte qui, en la supposant réelle, devrait au-moins se concentrer par l'influence de quelque peu de germe d'esprit national), il serait très-facile de s'assurer, à-la-vérité avec peu de délicatesse, mais néanmoins bien légalement, le prix des courses.

Il suffirait d'introduire en France des jumens couvertes par des étalons renommés; de ces jumens avec lesquelles on a l'habitude de proposer d'avance des paris pour l'avenir, avant même la naissance de la production.

Cette naissance s'effectuerait en France; on la ferait matériellement constater par suffisamment d'autorités, même par un bien plus grand nombre que n'en exige la loi : on s'armerait ainsi d'une masse surabondante de certificats irrécusables; et l'on se présenterait au concours avec la certitude de gagner, et avec la confiance très-bien fondée de l'impossibilité de voir faire légalement aucune difficulté sur la délivrance des prix;

En effet, le réglement sur les courses se borne à exiger :

« Un certificat de la personne qui aura élevé et nourri le
» cheval présenté »;

Et à dire que :

« Tout cheval ou jument, pour être admis à courir, devra
» être né en France ».

Vous craindriez la concurrence étrangère, et vous êtes français !

Entendez mieux vos intérêts.

Même en la craignant, provoquez-la.

En cette partie, les revers mêmes peuvent vous être utiles.

> *D'abord il s'y prit mal; puis bien ;*
> *Puis enfin il n'y manqua rien.*

Je le dis sans forfanterie, mais avec un sentiment intime de conviction ;

Est-il quelque chose qu'un Français ne puisse faire, lorsqu'un habitant quelconque du globe l'a fait avant lui ?

Comparativement à la grande masse distinguée de mes compatriotes, je ne puis être rangé que dans la catégorie des infiniment petits, et cependant si l'on me donnait l'assurance que quelqu'un a obtenu, par la force de ses combinaisons et de sa ténacité, un résultat quelconque, autre que ceux dépendans du génie, je répondrais, sur ma tête, de l'obtenir également, dans le cas où j'en sentirais l'utilité ou la nécessité.

Quant à l'appréciation, dans l'état actuel, des rapports de vitesse entre les chevaux étrangers et les chevaux français, ce n'est pas à moi qu'il conviendrait d'en présenter le résultat.

J'ai le bonheur d'être Français, de fait, de cœur, et d'esprit.

Ce titre honorable, que je ne changerais pas contre aucun autre, me fait heureusement apprécier et remplir sans restriction les devoirs d'esprit national qu'il impose à tous ceux qui en sont favorisés.

Que ce genre d'esprit, corroboré d'une louable impartialité, se propage, se généralise et se vivifie dans notre belle France, déjà si imposante sous tous les rapports :

Dès-lors, nous n'aurons plus rien à envier à aucune nation du monde.

Armand SEGUIN.

www.ingramcontent.com/pod-product-compliance
Lightning Source LLC
LaVergne TN
LVHW020043090426
835510LV00039B/1390